AF289209

Pieces

of my

Soul

Tränen auf Papier

Andrea Benesch

Bibliografische Information der Deutschen Nationalbibliothek: Die Deutsche Nationalbibliothek verzeichnet diese Publikation in der Deutschen Nationalbibliografie; detaillierte bibliografische Daten sind im Internet über dnb.dnb.de abrufbar.

Herstellung und Verlag: BoD – Books on Demand,
Norderstedt

Coverdesign und Korrektorat
NH Buchdesign

ISBN
978-3-756820-12-2

Triggerwarnung

Einige Gedichte in diesem Buch behandeln möglicherweise triggernde Themen, darunter Mobbing, psychische und verbale Gewalt, Stalking und Traumaerscheinungen.

Bei manchen Menschen können diese Themen negative Reaktionen auslösen. Bitte sei achtsam, wenn das bei dir der Fall ist.

Solltest du von einem der genannten Themen direkt betroffen sein und Hilfe brauchen, wende dich bitte an eine der folgenden Stellen:

Mobbing

„Mobbing-Hilfetelefon"	**0800 0 116 016**
„Nummer gegen Kummer" für Kinder und Jugendliche	**116 111**
für Eltern Betroffener	**0800 111 0 550**

Stalking

Hilfetelefon, Gewalt gegen Frauen	**0800 0 116 016**

Der Weiße Ring
https://weisser-ring.de/praevention/tipps/stalking

Zudem gibt es sowohl für Mobbing als auch für Stalking Betroffene mittlerweile in allen Bundesländern Beratungsstellen.

VORwort

Pieces of my Soul ist mein achter Gedichtband und wie kein anderer vom aktuellen Tagesgeschehen beeinflusst. In diesem Buch findet ihr eine Sammlung von Gedichten, die bis Mitte April 2022 geschrieben wurden – daher ist der Krieg in der Ukraine auch hier präsent. Das als kleine Vorwarnung.

Abgesehen davon geht es aber, wie immer, um Themen, die mich beschäftigen und bewegen. Dinge aus meiner Vergangenheit, die mich nicht loslassen wollen, Gedanken, Gefühle, Ängste und Unsicherheiten, Wünsche, Träume und Hoffnungen. Ein bunter Mix, ganz wie ihr es von mir gewohnt seid.

Sollte dies euer erster Gedichtband von mir sein, dann erlaubt mir bitte eine kleine Warnung: Ihr haltet hier ein Stück meiner Seele in der Hand. Ich bringe in meinen Gedichten meine Emotionen relativ ungefiltert zu Papier und es kann vorkommen, dass ihr euch selbst in diesen Zeilen wiederfindet. Lasst euch davon nicht abschrecken, sondern bitte, nehmt es an. Ich schreibe, weil ich es muss, aber ich veröffentliche diese Einblicke in mein Inneres, damit ihr erkennt, dass ihr nicht allein mit euren Gedanken und Gefühlen seid.

Bitte beachtet die Triggerwarnung!

Da der Soundtrack sich immer größerer Beliebtheit erfreut, habe ich auch dieses Mal wieder aufgepasst, welcher Song mich zum jeweiligen Gedicht inspiriert hat und diesen unter dem Gedicht vermerkt. Die vollständige Liste findet ihr am Ende des Buches, zusammen mit dem QR-Code zur YouTube-Playlist.

Und jetzt wünsche ich euch wundervolle Lesestunden und hoffe, dass euch meine Gedichte gefallen, berühren und vielleicht sogar umarmen.

Eure

Andrea

Pieces

of my

Soul

MEIN *Herz*

So viele Jahre lang
habe ich mein Herz in Ketten gelegt,
aus Angst,
erneut verletzt zu werden.
Ich habe es mit Stacheldraht umwickelt,
Mauern gebaut,
und alles dafür getan,
um alles und jeden von ihm fernzuhalten.

Ich habe mein Bestes gegeben,
Abstand zu halten,
meine Gefühle und Sehnsüchte zu verstecken,
kalt zu wirken,
uninteressant,
langweilig.
Ich wollte niemandes Interesse wecken,
ich wollte nicht, dass du mich siehst.

Niemand sollte mich sehen.
Niemand sollte mich wahrnehmen.
Niemand sollte Interesse an mir zeigen.
Alle sollten sich von mir fernhalten,
mich nicht weiter beachten.

Dadurch wäre ich sicher,
dachte ich.
Aber ich lag falsch.

Du hast mich gesehen.
Du hast mich gesehen
und seitdem den Blick nicht mehr abgewandt.
Du hast mich gezwungen,
deine Existenz anzuerkennen,
deine Begierde zu sehen,
dein Bedürfnis, mich kennenzulernen.

Ich habe dir alles entgegengeworfen, was ich hatte.
Habe die Eiskönigin gegeben,
dich an meinen Mauern auflaufen lassen
und zugesehen,
wie du eine nach der anderen überwunden hast,
als wäre es nichts.
Du hast dich an meinem Stacheldraht verletzt,
geblutet,
aber trotzdem niemals aufgegeben.
Warum nicht?
Warum hast du einfach immer weitergemacht?

Mein Herz liegt nun vor dir,
ramponiert,
notdürftig geflickt
und alles andere als perfekt.

Bitte, verletze es nicht,
wie es alle anderen getan haben.
Bitte.

Bitte, halte es in Ehren.
Denn es schlägt nur für dich,
obwohl ich mir so große Mühe gegeben habe,
das zu verhindern.
Es ist dein und ich bin es auch.
Lass es mich nur nicht bereuen.
Ich bitte dich.

Josh Canova – The Wish

DU BIST *besonders*

Ich weiß, du fühlst dich oft unbedeutend,
unwichtig,
glaubst, du gehst unter in der Menge.
Für mich bist du besonders,
auch wenn du es selbst nicht sehen kannst.

Du sagst, du bist ein Licht unter Millionen,
so klein, dass man dich nicht ausmachen kann,
wenn man von oben auf die Stadt schaut.
Aber für mich bist du das eine Licht,
das mir den Weg nach Hause leuchtet,
das Licht, das heller strahlt,
als alle anderen.
Du bist mein Licht,
ob du es erkennen kannst oder nicht.

Du glaubst, du machst keinen Unterschied,
aber das tust du, jeden Tag.
Für mich machst du den Unterschied.
Für mich machst du jeden Tag heller,
erträglicher.
Du bist es, der mich auffängt,
wenn ich falle.

Du bist es, der mir Mut macht,
wenn ich verzweifle.
Du bist es, der meine Ängste vertreibt,
indem er mich in den Armen hält.
Für mich bist du besonders.

Du weißt immer, was du sagen musst,
wenn ich am Boden liege,
wenn die Selbstzweifel drohen,
mich bei lebendigem Leib zu verschlingen.
Wo ich Schwächen sehe,
siehst du Stärken.
Wo ich keinen Ausweg sehe,
siehst du Möglichkeiten.
Du bist immer da,
wenn ich dich brauche,
immer,
bedingungslos.
Kannst du das nicht sehen?
Kannst du nicht sehen,
wie viel mir das bedeutet?

Du bist das Licht, das die Dunkelheit in mir vertreibt.
Du bist die Sonne, die mich wärmt,
wenn die Kälte meiner Erinnerungen nach mir greift.
Du bist mein Fels in der Brandung,
mein Rettungsring,

du bist der,
der mir am Ende des Tages das Gefühl gibt,
dass vielleicht doch nicht alles schlimm war.
Dass es irgendwann besser wird.
Dass noch nicht alle Hoffnung verloren ist.

Warum kannst du für mich all das sein,
aber nicht erkennen, wie besonders du bist?
Warum kannst du deinen eigenen Wert nicht sehen?
Du bist wertvoll.
Du bist besonders.
Du bist es,
der die Bruchstücke meiner Seele zusammenhält.
Du bist es,
der mich weitermachen lässt.
Du bist es,
der mich an ein Happy End glauben lässt.
Also bitte, glaube mir, wenn ich dir sage:
Für mich machst du den Unterschied.
Du bist besonders.

Simply Three - Rain

TREIBSAND

Manchmal frage ich mich,
ob ich mir nicht manchmal selbst
das Leben unnötig schwer mache.
Warum kann ich nicht so sein,
wie alle anderen mich haben wollen?
Warum kann ich nicht wie alle anderen sein?
Warum muss ich unbedingt ich sein?
Warum kann ich nicht sicher in der Masse untergehen,
wie so viele andere?
Warum muss ich unbedingt herausstechen?
Und warum kann ich es nicht
auf eine angenehme Weise tun?

Wer macht uns zu dem, der wir sind?
Wurden wir schon so geboren?
Sind es unsere Eltern?
Unsere Erziehung?
Oder ist es das Leben?
Macht uns die Summe all dessen,
was wir gesehen und erlebt haben,
zu dem, der wir sind?

Wäre ich religiös, könnte ich sagen:
Gott hat mich so gemacht.

Aber das bin ich nicht.
Ich kann mich nicht auf ein höheres Wesen beziehen
und mich selbst aus der Verantwortung nehmen.
Ich bin wie ich bin
und ich weiß nicht, wie ich anders sein kann.

Warum kann ich nicht ein einziges Mal
den leichten Weg nehmen?
Warum muss es immer der komplizierte,
der schwere sein?
Warum mache ich es mir zusätzlich schwer?
Warum kann ich die Dinge
nicht einfach mal laufen lassen?
Warum will ich immer noch mehr?
Warum muss immer alles besser werden,
effizienter,
schöner,
perfekt.
Warum muss es immer alles oder nichts sein?

Warum kann es nicht auch einmal halbe Kraft sein?
Warum muss es immer Vollgas sein?
Warum habe ich immer das Gefühl,
mich andauernd beweisen zu müssen?
Als müsste ich rechtfertigen,
warum es mich gibt.
Warum habe ich ständig das Gefühl,
meinen Wert allen zeigen zu müssen?

So oft fühle ich mich,
als stecke ich in Treibsand.
Ich bin gefangen,
versinke immer tiefer und tiefer.
Egal, wie sehr ich auch dagegen ankämpfe,
wie sehr ich versuche, mich zu befreien,
es bringt nichts.
Ich sinke weiter.
Ich versinke und kann nichts tun,
um es zu verhindern.
Ich trete auf der Stelle
und egal, wie laut ich rufe,
niemand kann mich hören.
Ich versinke.
Tiefer und tiefer.

Ich habe keine Chance gegen den Treibsand,
genauso wenig,
wie ich eine Chance gegen diese Gedanken habe,
gegen diese Gefühle.
Ich fühle mich unerwünscht,
warte andauernd darauf, dass mir jemand sagt,
dass ich zu wenig aus meinem Leben mache,
zu untalentiert bin,
unbedeutend.
Immer wieder denke ich mir,
was andere mit meinen Chancen
wohl alles bewirken könnten,

und ich bringe nichts zustande,
das groß wäre
oder bedeutend
oder wichtig.

So oft habe ich auf Dinge hingearbeitet
und wenn ich sie erreicht habe,
einen Studienplatz
oder einen Job bekommen habe,
hatte ich das Gefühl,
sie jemand anderem,
der vielleicht besser geeignet wäre als ich,
weggenommen zu haben.
Jemandem, der schlauer ist,
der talentierter ist,
oder fleißiger.
Meine eigenen Fähigkeiten schätze ich irgendwie immer
viel zu gering.
Woran liegt das, was denkst du?

Ich wünschte, ich könnte dem Treibsand
meiner Gedanken entkommen.
Wie es wohl ist, ohne ihn zu leben?
Wie ist es, unbelastet durchs Leben zu gehen?
Nicht andauernd von diesen Gedanken
und Gefühlen heimgesucht zu werden?
Wie ist es, nicht ständig an sich selbst zu zweifeln?
Wie ist es, dazuzugehören?

Ich weiß, dass ich mir manchmal selbst
das Leben unnötig schwer mache.
Ich wünschte, ich könnte das abstellen,
aber das kann ich nicht.
Ich werde die Selbstzweifel nicht los.
Sie halten mich gefangen, wie Treibsand.
Ich kann ihnen nicht entkommen.
Ich wünschte, ich könnte anders sein,
würde nicht so oft anecken,
nicht immer das Gefühl haben,
mich beweisen
und meine Anwesenheit
auf dieser Welt rechtfertigen zu müssen.

Ich gehe immer den schweren Weg.
Warum?
Will ich es mir selbst schwerer machen?
Oder will ich mich unbewusst
für irgendetwas bestrafen?
Warum bin ich so?
Warum kann ich nicht einfach
ein bisschen mehr wie alle anderen sein?
Warum kann ich nicht ein treibsandloses Leben leben?
Weißt du es?
Wenn du es weißt,
bitte verrate es mir,

denn ich weiß nicht,
wie lange ich noch
gegen den Treibsand ankämpfen kann,
bevor er mich vollkommen verschlingt.

X Ambassadors – Unsteady

DAVOR UND *Danach*

„Wenn das alles vorbei ist ...“
„Sobald es wieder erlaubt ist, werde ich ...“
Für uns alle war es eine harte Zeit.
Wir haben bestimmte Aspekte
unseres Lebens auf Eis gelegt
und verbringen unsere Tage mit Warten.
Warten darauf,
dass wir unser altes Leben
wieder zurückbekommen,
unser Davor.
Und hoffen,
dass wir die Welt noch wiedererkennen,
wenn wir im Danach angekommen sind.

Wird unsere Welt noch dieselbe sein?
Oder hat sich einfach zu viel verändert?
Wie lange werden die Spuren noch sichtbar sein?
Werden sie jemals verblassen?
Oder hat diese Zeit,
diese Pandemie,
zu große Wunden gerissen?
Werden wir alle Narben zurückbehalten?

Wir alle haben gehofft,
dass es nach einem Jahr vorbei sein würde,
dass wir nur ein Jahr verzichten müssen.
Aber aus einem wurden zwei Jahre
und ein Ende ist noch nicht in Sicht.
Wie kann das sein?
Waren wir einfach zu arrogant?
Zu überheblich, in Bezug auf unsere Fähigkeiten?
Haben wir uns zu sicher gefühlt?
Waren wir nachlässig,
gelangweilt von all den Vorschriften und Regeln?

Niemand konnte es sich vorstellen,
nicht in diesem Ausmaß.
Pandemien dieser Größenordnung
gehören in die Vergangenheit.
Niemals hätten wir damit gerechnet,
dass das heute noch in diesem Maße möglich wäre.
Wir diskutierten im Geschichtsunterricht
über mangelnde Hygiene,
überbelegte Unterkünfte
und die Blauäugigkeit der Menschen von *damals*.
Aber was ist mit uns?
Heute haben wir so viel bessere Lebensumstände
und trotzdem ist die Pandemie überall.
Wie kann das sein?

Wir alle wollen unser Davor zurück.
Wir wollen die Zeit zurückdrehen
und wieder unbeschwert sein.
Wir wollen andere umarmen,
einfach so,
spontan,
ohne nachdenken zu müssen.
Wir wollen auf Konzerte gehen,
ins Kino,
ins Restaurant,
uns mit Freunden treffen,
unter Menschen sein.
Wir wollen nicht mehr
über Desinfektionsmittel nachdenken müssen,
über Abstand
über Kontaktbeschränkungen,
Impfungen,
Leugner
und all diese Dinge.

Denkst du, diese Welt wird noch dieselbe sein,
wenn alles vorbei ist?
Wenn alles wieder „normal" ist?
Wenn es wieder wie vorher ist?
Wird es jemals wieder wie vorher sein?
Oder haben wir uns so sehr verändert,
dass das nicht mehr möglich ist?

Denkst du, wir werden diese Zeit,
diese zwei Jahre, oder drei, oder vielleicht vier,
einfach so abhaken können?
Sie abschütteln und da weitermachen,
wo wir damals aufgehört haben?
Oder werden wir sie für immer mit uns herumtragen?

Was vermisst du am meisten?
Was stört dich am meisten am Leben in der Pandemie?
Oder bist du schon längst an dem Punkt angekommen,
an dem dich einfach alles stört?
An dem du dir ein Danach
gar nicht mehr vorstellen kannst?

Werden wir andere immer als Risiko betrachten?
Als potenzielle Gefahr für uns?
Für unsere Gesundheit oder gar unser Leben?
Werden wir je wieder unbefangen
an die Haltestange in der U-Bahn greifen?
Oder anderen die Hand geben?
Wird ein Husten
je wieder einfach bloß ein Husten sein?

Oder wird uns die Pandemie erhalten bleiben,
abgeschwächt vielleicht,
aber trotzdem noch da,
trotzdem noch gefährlich,
trotzdem noch einschränkend für unser Leben?

Wird es je ein Danach geben?
Ein richtiges Danach?
Oder wird sich auch
unsere Wunschvorstellung
unseres Danachs verändern?
Was denkst du?

KLAN feat. Mia – Nie gesagt

ICH HABE DIR *nie gesagt...*

Ich habe dir nie gesagt,
wie sehr du mich verletzt hast.
Ich habe dir nie gesagt,
wie sehr du mich verändert hast.
Ich habe dir nie gesagt,
wie sehr ich mir wünsche,
dass alles anders gekommen wäre.

Ich habe dir nie gesagt,
wie sehr ich dich hassen will.
Ich habe dir nie gesagt,
wie weh es tut, dich zu sehen.
Ich habe dir nie gesagt,
dass du mich in eine Million
kleine Stücke zerbrochen hast.

Ich habe dir nie gesagt,
wie sehr mich dein Anblick in Panik versetzt.
Ich habe dir nie gesagt,
wie sehr ich die Version von mir vermisse,
die ich früher war.
Die Version, die du mir genommen hast.
Und die ich nie wieder zurückbekommen werde.

Ich habe dir nie gesagt,
wie schwach du mich gemacht hast.
Ich habe dir nie gesagt,
dass ich deinetwegen
nur noch aus scharfkantigen Splittern bestehe.
Ich habe dir nie gesagt,
dass du der Grund bist,
warum ich heute allein bin.

Ich habe dir nie gesagt,
dass ich deine Stimme
nie wieder losgeworden bin.
Ich habe dir nie gesagt,
dass ich deine Worte bis heute andauernd höre.
Ich habe dir nie gesagt,
wie groß dein Einfluss auf mich noch immer ist.
Ich habe dir nie gesagt,
wie sehr ich es vermisse, furchtlos zu sein.

Ich habe dir nie gesagt,
was du mir tatsächlich angetan hast.
Ich habe dir nie gesagt,
wie groß der Schaden wirklich ist.
Ich habe dir nie gesagt,
wie ich für dich fühle.
Ich habe dir nie gesagt,
dass ich nach wie vor zu oft an die Vergangenheit denke
und sie bis heute über mein Leben bestimmt.

Ich habe dir nie gesagt,
dass die Wunden nie verheilt sind.
Ich habe dir nie gesagt,
dass ich deinetwegen nicht mehr vertrauen kann.
Ich habe dir nie gesagt,
dass ich deinetwegen
den Glauben an mich selbst verloren habe.
Ich habe dir nie gesagt,
dass ich bis heute kaputt bin.
Deinetwegen.

Ich habe dir nie gesagt,
wie verzweifelt ich jeden Tag darum kämpfe,
die Bruchstücke meiner Seele zusammenzuhalten.
Ich habe dir nie gesagt,
dass ich sehr oft dabei versage.
Ich habe dir nie gesagt,
was du aus mir gemacht hast.
Ich habe dir nie gesagt,
wie sehr ich mich dafür schäme.

Ich habe dir nie gesagt,
was ich von dir halte.
Ich habe dir nie gesagt,
wie gern ich wieder mutig wäre.
Ich habe dir nie gesagt,
wie viel Angst ich vor jedem einzelnen
dieser Worte habe.

Ich habe dir nie gesagt,
wie nah du mich an den Abgrund getrieben hast.
Ich habe dir nie gesagt,
wie groß deine Macht über mich war.
Ich habe dir nie gesagt,
dass du in meiner Geschichte der Böse bist.

Ich habe dir nie gesagt,
wie unsicher du mich gemacht hast.
Ich habe dir nie gesagt,
wie tief die Wunden reichen.
Ich habe dir nie gesagt,
wie grausam du warst.
Ich habe dich nie konfrontiert,
dir nie den Spiegel vorgehalten.

Ich habe dir nie gesagt,
wie sehr ich mir wünsche,
dir all das irgendwann einmal ins Gesicht zu sagen.
Ich habe dir nie gesagt,
wie sehr mich diese Vorstellung
gleichzeitig in Angst und Schrecken versetzt.
Ich habe dir nie gesagt,
dass du mein lebender, atmender Albtraum bist.
Ich habe dir gesagt,
dass du für mich ein Monster bist.

Ich habe dir nie irgendetwas davon gesagt
und wahrscheinlich werde ich das auch niemals tun.
Und so sehr es mir auch Angst macht,
all das in Worte zu fassen,
wie sehr jedes einzelne an meinen Wunden reißt,
es tut gut, es einmal aufzuschreiben.
Zuzugeben, wie schlimm es noch immer ist.
Dazu zu stehen, wie schwach und ängstlich ich bin.
Und zu erkennen, dass ich gleichzeitig auch stark bin,
weil ich noch da bin,
weil ich nicht aufgegeben habe,
weil ich lebe,
obwohl du all diese Dinge gesagt und getan hast.
Ich lebe.
Und das allein ist schon ein großer Sieg.
Ich habe Jahrzehnte gebraucht, um das zu erkennen,
aber jetzt sehe ich es.
Ich verstehe es.

KLAN feat. Mia – Nie gesagt

ICH *schreibe…*

Ich schreibe, weil ich es muss.
Ich schreibe, weil alles in Worte zu fassen,
meinen Schmerz in ihnen einzuschließen,
der einzige Weg für mich ist,
mit allem klar zu kommen,
alles zu verarbeiten
und nicht daran zu zerbrechen.

Ich schreibe nicht, um berühmt zu werden
oder viel Geld zu verdienen
– Gedichte bringen nicht viel Ruhm oder Geld ein –
Ich schreibe, weil ich nicht ich bin,
wenn ich es nicht tue.
Und ich veröffentliche, was ich schreibe,
weil ich hoffe,
dass meine Worte
für jemanden den Unterschied machen.

Ich schreibe nicht bewusst.
Ich setze mich nicht hin und tippe einfach drauf los.
Ich kann die Worte nicht finden,
ich muss warten,
bis sie mich finden.

Ich habe das akzeptiert.
Sie erobern sich ihren Platz in meinem Leben,
ob ich gerade Zeit habe oder nicht.
Ich reihe Wort um Wort aneinander,
tippe wie im Rausch
und wenn er verfliegt,
starre ich auf diese Worte und frage mich,
wo sie hergekommen sind.

Immer, wenn etwas passiert,
das mich runterzieht,
das mich verletzt,
kann ich dem anders gegenübertreten als früher,
denn ich weiß, dass die Worte kommen
und den Schmerz mit sich nehmen werden.
Weil es immer so ist.
Jetzt gerade tut es schrecklich weh,
aber schon bald kann ich all das loslassen,
kann es niederschreiben
und meine Seele davon befreien.
Und das lässt mich weiteratmen,
auch wenn sich mir die Brust
vor Schmerz zusammenkrampft.

Das Vertrauen in die Menschen habe ich verloren,
aber das Vertrauen in die Worte
werde ich nie verlieren.
Ich weiß, dass sie kommen werden,

weil sie das immer getan haben,
jedes Mal seit fast 20 Jahren.
Sie kommen und sie nehmen den Schmerz mit.
Sie nehmen das Gewicht von meiner Brust,
die Last von meiner Seele.
Sie sorgen dafür,
dass ich atmen kann.

Ich schreibe, weil ich es tun muss.
Ich schreibe, weil ich mit all den negativen Dingen
nicht klarkommen würde,
ohne sie niederzuschreiben.
Das Schreiben ist für mich so natürlich wie atmen,
es gehört zu mir,
wie meine Arme und Beine zu mir gehören.
Ich strebe nicht nach Ruhm oder Geld,
ich schreibe, um zu leben,
um zu heilen, so gut ich kann
und um anderen
ein kleines bisschen von dem abzugeben,
was mich jedes Mal rettet,
wenn mir alles zu viel wird.

Ich schreibe, weil die Worte ein Teil von mir sind.
Ich schreibe, weil ich nicht ich bin,
wenn ich es nicht tue.
Ich schreibe, weil ich voller Worte bin,
die darauf drängen, ans Licht zu kommen.

Ich schreibe, weil ich nur so alles verarbeiten kann.
Ich schreibe
und schreibe
und schreibe.

Unions – Close my eyes

Ich schreibe, weil ich voller *Worte* bin, die darauf drängen ans Licht zu kommen

Buechernwurmlettering

DIE VERGANGENHEIT *und du*

Ich weiß, du denkst,
du hattest gute Gründe für das, was du getan hast.
Für dich machte alles Sinn.
Du glaubtest im Recht zu sein,
auch wenn ich mir nicht erklären kann,
wie du darauf kommen konntest.

Du dachtest, es sei okay, deinen Frust,
deine Wut
und deinen Schmerz an mir auszulassen,
nur weil du anders nicht damit umgehen konntest.
Du wolltest dich nicht mehr machtlos fühlen.
Du wolltest die Kontrolle haben
und dich überlegen fühlen.
Und der einfachste Weg, um das zu erreichen,
war, dir jemanden zu suchen,
der allein
und verwundbar war
und diesem Menschen
das Leben zur Hölle zu machen.

Es ist jetzt fast 20 Jahre her,
aber ich kann bis heute deine Stimme hören.
Ich kann noch immer deine Worte hören.

Sie haben sich in meine Seele gebrannt.
Sie haben mich verändert.
Für immer.

Ich trage seit fast 20 Jahren
keine Röcke oder Kleider mehr.
Weißt du, wieso?
Kannst du dich erinnern,
was du damals jedes Mal gesagt hast,
wenn ich sie trug?
Ich denke nicht.
Ich weiß nicht, ob du dich überhaupt noch
an alles von damals erinnerst,
oder ob du es vorgezogen hast,
zu vergessen.
Hast du alles verdrängt?
Oder war es nie wichtig genug für dich,
um noch einmal darüber nachzudenken,
was du so alles von dir gegeben hast?

Oder ist alles ganz anders?
Bereust du, was du getan hast?
Bereust du, was du mir angetan hast?
Bereust du die Lügen?
Die Grausamkeiten,
die vielen täglichen Gemeinheiten?
Ist das Bild, das ich von dir im Kopf habe, falsch?

Hast du wirklich alle Erinnerungen an den,
der du damals warst,
abgeschüttelt?
Hast du sie begraben und dir eingeredet,
es sei nicht so schlimm gewesen?
Es sei harmlos gewesen?
Oder bist du dir im Klaren darüber,
was du getan hast,
wie du mich systematisch auseinandergenommen hast?
Spürst du meine Tränen bis heute
als Messerstiche in deinem Herzen,
so wie mich dein gehässiges Lachen
nach wie vor bis in meine Träume verfolgt?

Hast du die Vergangenheit,
wer du warst,
abgehakt?
Oder verfolgt sie dich?
Verfolgt dich, was damals alles passiert ist?
Hörst du meine Bitten,
mein Flehen,
wie ich deine Beleidigungen höre?
Bin ich dein Albtraum,
wie du der meine bist?

Wie gehst du mit dem um, was passiert ist?
Wie lebst du damit?
Mit der Schuld?

Wie lebst du damit,
diese Dinge getan zu haben?
Zu derlei Grausamkeit fähig zu sein?
Kannst du noch in den Spiegel sehen?
Oder vermeidest du es ebenso wie ich seit 20 Jahren?

Manchmal frage ich mich, wie es wohl wäre,
dich heute wiederzusehen.
Hätte ich noch immer Angst vor dir?
Käme sofort alles wieder hoch?
Würde mich der Drang zu fliehen überwältigen?
Oder könnte ich mich dir stellen
und dir all das ins Gesicht sagen,
was ich dir seit Jahren sagen will?
Würde ich es tun?
Oder würde ich dir vergeben?
Würde ich endlich einen Schlussstrich ziehen können?
Deine Stimme endgültig aus meinem Kopf verjagen?
Und die Risse in meiner Seele heilen sehen?

Würdest du mich erkennen?
Würdest du mich verspotten, wie damals?
Oder würdest du dich entschuldigen?
Würdest du mir entgegentreten mit den Worten:
„Ich war dein Mobber und es tut mir von Herzen leid"?
Würdest du?

Oder würdest du einfach umdrehen
und in die andere Richtung gehen?
Der Vergangenheit
und dir selbst ausweichen?
Was würdest du tun?
Weißt du es?

Joris – Du und ich

GUT

So viele von uns streben danach,
ein guter Mensch zu sein.
Wir wollen freundlich zu allen sein,
so gut es eben geht.
Nicht nachtragend sein
und niemandem mit unserem Handeln schaden.
Wir wollen hilfsbereit sein
und nicht unnötig lang an unserem Groll festhalten.
Wir nehmen uns vor,
niemanden vorschnell zu verurteilen
und zu jedem fair zu sein.
Aber sag mir, ist es wirklich erstrebenswert,
ein guter Mensch sein zu wollen?

Manchmal fühlt es sich so an,
als sei ich die Einzige auf der Welt,
die danach strebt, ein guter Mensch zu sein.
Als stünde ich ganz allein auf verlorenem Posten,
während ich verzweifelt versuche,
das Gute festzuhalten,
damit es nicht durch die offenen Tore entkommt.

Lohnt es sich überhaupt,
ein guter Mensch zu sein?

Wie oft wurdest du schon enttäuscht?
Wie oft ausgenutzt?
Wie oft hast du es schon bereut,
anderen geholfen zu haben?
Wie oft wurdest du dafür verletzt?
Wie oft benutzt?
Wie oft selbst im Stich gelassen?
Was hat es dir je gebracht, „gut" zu sein?
Außer Kummer?

Ein Teil von mir
hat den Glauben an das Gute im Menschen verloren.
Der Teil von mir,
der zu viel gesehen und erlebt hat.
Der Teil, der immer wieder sprachlos ist
angesichts der Fähigkeit des Menschen,
zu Grausamkeit.
Wie könnte er das auch nicht?
Es geschieht so viel Schreckliches auf der Welt,
wie könnte man da nicht den Glauben verlieren,
dass es auch das Gute da draußen gibt?

Aber oft genug wird mir auch das Gegenteil bewiesen.
Es gibt das Gute
und es gibt auch gute Menschen,
sie drohen nur immer wieder
in der Masse an schlechten Nachrichten unterzugehen.

Irgendwie tun wir uns leichter damit,
Negatives im Kopf zu behalten,
als Positives.

Ich sehe es ja auch an mir.
Es gab viele schöne Momente in meinem Leben,
aber oft genug
dominieren die Erinnerungen
an die schlimmen Momente meine Gedanken.
Warum ist das so?
Warum scheinen diese dunklen Augenblicke
so viel lebendiger zu sein?
Warum können wir uns nicht
an den guten Dingen festhalten?

Warum wiegt jede Demütigung tausendmal schwerer
als jeder Erfolg?
Warum ist uns jedes gehässige Lachen so viel präsenter
als jedes freundliche Lächeln?
Warum bleibt uns Kritik so viel länger im Gedächtnis
als jedes Lob?
Sind wir Menschen dazu verdammt,
Pessimisten zu werden?
Verbittert,
missgünstig,
nachtragend
und einsam?

Oder können wir das Ruder noch herumreißen?
Können wir uns darauf trainieren,
öfter das Gute in der Welt zu sehen?
Die negativen Gedanken beiseitezuschieben
und ihnen keinen Platz mehr
in unserem Leben einzuräumen?
Oder müssen wir noch kleiner anfangen,
indem wir alles daransetzen,
selbst für niemanden ein Quell negativer Gedanken
und Gefühle zu werden?
Müssen wir erst selbst zu guten Menschen werden,
bevor wir in der Lage sind,
das Gute wahrhaft zu erkennen?

Oder sehen wir das alles zu sehr schwarz/weiß?
Sind wir zu fanatisch darin,
entweder Optimisten
oder Pessimisten zu sein?
Können wir nicht beides sein?
Gibt es bei uns zu oft nur ganz oder gar nicht?
Sind in Wirklichkeit wir das Problem?

Was denkst du,
sollten wir danach streben, gute Menschen zu sein,
oder danach, überwiegend gut zu sein?
Überfordern wir uns selbst
mit unseren Erwartungen daran,
wie ein guter Mensch zu sein hat?

Oder sind wir einfach nur faul
und scheuen die Arbeit,
die von uns verlangt würde,
um dieses Ziel zu erreichen?
Was denkst du?
Verrätst du es mir?

Paloma Faith – Warrior

FEUER, EIS *und Asche*

Manchmal ist alles, was es braucht,
ein kräftiger Regenschauer.
Er reinigt die Luft,
wäscht die Überreste des Tages weg
und hinterher riecht die Luft so fruchtbar
und verheißungsvoll.

Aber der Regen kann nicht alles wegwaschen.
Und auch der kräftigste Regen
kann kein großes Feuer löschen,
das gerade dabei ist, alles zu verzehren.

Ich stehe inmitten dieses Feuers und sehe zu,
wie um mich herum alles in Flammen aufgeht.
Alles brennt,
jede Erinnerung,
jedes mentale Foto,
alles brennt.

Mein Leben verbrennt vor meinen Augen,
aber ich brenne nicht.
Da ist nichts mehr,
was noch Feuer fangen kann,
alles, was ich bin, ist Eis.

So dickes Eis,
dass nicht einmal die heißesten Flammen
den Panzer zum Schmelzen bringen können.

Und so stehe ich inmitten der Flammen
und sehe ihnen dabei zu,
wie sie alles, was ich einst für wahr hielt, verzehren.
Wie sie alles, was ich für dich fühlte, vernichten,
so wie du mich vernichtet hast.

Ein Teil von mir hofft auf Regen,
hofft darauf,
dass vielleicht ein Teil gerettet werden kann,
obwohl ich es eigentlich besser weiß.
Nichts kann dieses Feuer stoppen.
Und nichts kann den Teil von mir retten,
den du unwiederbringlich zerstört hast.
Die, die ich früher war,
ist längst in diesen Flammen gestorben
und übrig bin bloß noch ich,
diese kalte,
distanzierte Version von mir,
die sich nie wieder verletzen lassen wird.

Ja, ich warte auf den Regen,
aber mein Regen wird aus Asche sein.

Lena – Thank you (acoustic)

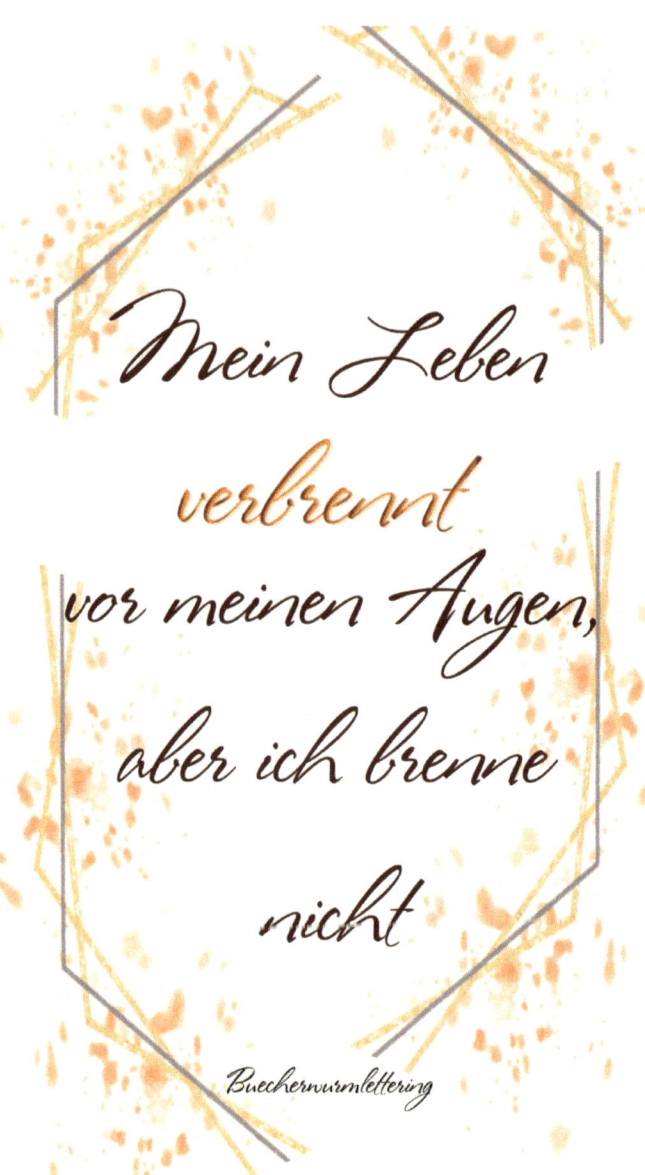

Mein Leben
verbrennt
vor meinen Augen,
aber ich brenne
nicht

Buechernurmlettering

TAUSEND *Dinge*

Ich liebe den Duft deiner Haare,
nicht den deines Shampoos.
Den deiner Haut,
wenn du dich an mich kuschelst.
Ich liebe das Gefühl deines Körpers an meinem,
deine Wärme, deine Weichheit.
Ich liebe es, dabei zuzusehen,
wie deine Augen grüner und grüner werden,
wenn deine Stimmung umschlägt.

Ich liebe es, wie du im Schlaf seufzt.
Ich liebe es, wie du vor Freude quietschst.
Ich liebe es, wie du beim Anblick eines Tieres strahlst.
Ich liebe es, dass du stundenlang
das Fell eines Hundes
oder einer Katze streicheln kannst,
ohne dass dir langweilig wird.

Ich liebe es, wie du in einer Buchhandlung
die Zeit vergisst.
Ich liebe es, dass du dich für unendlich viele Dinge
und Themen begeistern kannst.

Ich liebe es, wie du vor dich hin summst,
ohne es zu bemerken.
Ich liebe es, wie sehr Musik deine Stimmung beeinflusst.

Ich liebe es, wie du niedliche Quietschlaute ausstößt,
wenn du dich über etwas freust.
Ich liebe es, wie deine Augen funkeln,
wenn du glücklich bist.
Und ich liebe es noch viel mehr,
wenn ich der Grund dafür bin,
dass du dich glücklich fühlst.

Ich liebe es, wie du immer wieder
traurige Filme anschaust,
nur um immer im gleichen Moment
in Tränen auszubrechen.
Ich liebe dein Mitgefühl.
Ich liebe es,
dass dir auch die allergrößten Bösewichte leidtun.
Ich liebe es, wie viel Güte und Liebe
du im Herzen trägst,
auch wenn du dich nur selten traust, sie zu zeigen.

Ich liebe es, wie ich jeden Tag
etwas Neues an dir entdecke,
auch nach Jahren gemeinsamer Zeit.
Ich liebe es, dass ich nie weiß,
was in deinem Kopf vorgeht.

Ich liebe es, wie kreativ du bist.
Ich liebe es, wie viele Ideen in deinem Kopf wohnen.

Ich liebe es, wie du in deiner Arbeit versinken kannst.
Ich liebe es, wie du stumm meine Nähe suchst,
wenn du Trost brauchst.
Ich liebe es, wie du darauf vertraust,
dass ich dich trösten
und in den Arm nehmen werde.
Ich liebe es, wie du mir gleichzeitig Ehrfurcht einjagst
und mein Herz im selben Moment
vor Liebe beinahe platzen lässt.

Ich liebe es, wie du dich jeden Tag
an kleinen Dingen erfreust
und sie niemals selbstverständlich nimmst.
Ich liebe es, dass du Eichhörnchen
für ein gutes Omen hältst.
Ich liebe es, wie du deine Gefühle in Worte verwandelst
und damit Seite um Seite füllst.
Ich liebe es, dass ich sie vor allen anderen lesen darf.

Ich liebe es, wie wenig ich mich anstrengen muss,
um all dies aufzuzählen.
Ich liebe es, dass ich noch ewig
so weitermachen könnte.

Ich liebe tausend Dinge an dir
und noch viele tausend mehr.

Ich liebe es, dass du genauso viel an mir liebst,
auch wenn ich einen schlechten Tag habe.
Ich liebe viele tausend Dinge an dir
und vor allem liebe ich es,
sie dir jede Nacht vor dem Einschlafen aufzuzählen.
Weil ich will, dass du weißt,
dass ich dich liebe
und dich für etwas Besonderes hältst.
Und ich weiß, dass du mich allein dafür
noch viel mehr liebst,
weil du es zu schätzen weißt,
dass mir bewusst ist,
wie sehr du das brauchst
und ich es dir einfach so gebe,
ohne, dass du darum bitten musst.

BANNERS – Someone to you

DEINE *Geschichte*

Was ist deine Geschichte?
Jeder von uns hat eine.
Eine Vergangenheit, die uns geprägt hat,
ein Traum, der uns antreibt,
ein Ereignis, nach dem alles anders war.

Was ist deine Geschichte?
Weißt du es?
Oder gehörst du zu denen,
die glauben, sie hätten keine,
sie seien langweilig
und komplett uninteressant?

Glaub mir, auch du hast eine Geschichte.
Vielleicht erkennst du sie nicht,
weil du noch mittendrin steckst,
oder sie liegt noch in deiner Zukunft.
Nicht immer geschieht dieses Ereignis,
dieser Wendepunkt,
in unserer Kindheit oder Jugend.
Aber irgendwann hat jeder einen.

Es muss nicht zwingend etwas Schlechtes sein.
Auch gute Dinge können einen prägen,
oder die Jagd nach einem Traum,
einem Ziel.
Es muss auch nicht unbedingt
direkt etwas mit uns zu tun haben.
Manchmal ist es eine Nachricht im Fernsehen
oder ein Artikel in einer Zeitung.

Vorher weiß man nicht,
welche Dinge einen nachhaltig verändern werden,
erst wenn man mittendrin steckt – frühestens –,
manchmal merken wir es aber auch erst Jahre
nach diesem Ereignis,
wie sehr es uns geprägt
und verändert hat.

Fällt dir etwas ein?
Bei mir waren es sogar mehrere,
gute und schlechte.
Ich weiß nicht, wer ich heute ohne sie wäre.
Ich weiß nicht, ob ich die geworden wäre,
die ich jetzt bin.
Klar wäre manches einfacher gewesen,
aber trotz der dunklen Momente,
die ich manchmal habe,
mein Leben ist eigentlich ziemlich okay.
Es könnte bei Weitem schlimmer sein.

Und wenn ich ehrlich bin, ich bin glücklich,
meistens zumindest.
Nicht immer natürlich, aber wer ist das schon?

Ich bin dankbar, für mein Leben heute,
für diese Ereignisse,
die mich zu der gemacht haben, die ich heute bin.
Für alles dunkle ebenso wie für die guten Momente.
Ich bin ich und ich bin glücklich mit mir
und dem Leben, das ich lebe.

Wie ist das bei dir?
Bist du stärker auf der anderen Seite herausgekommen
oder würdest du die Zeit zurückdrehen,
wenn du könntest?
Ist deine eine traurige Geschichte?
Oder eine Heldenreise?

Egal, was es letztlich ist,
jeder von uns hat eine Geschichte.
Sie prägt uns.
Sie verändert unser Leben für immer.
Aber am Ende kommt es darauf an,
wie wir damit umgehen.
Was machen wir daraus?
Rappeln wir uns auf,
wenn wir zu Boden geschickt werden,
oder bleiben wir liegen?

Werden wir stärker oder geben wir auf?
Beißen wir uns durch
oder lassen wir es sein?
Erfreuen wir uns an jedem Lichtblick
oder fixieren wir uns so sehr auf alles, was dunkel ist,
dass wir das Licht nicht mehr sehen können?

Was ist deine Geschichte?
Weißt du es?
Ist sie schon vorbei oder steckst du noch mittendrin?
Und was für eine Geschichte soll sie einmal werden?
Gibt es ein Happy End?
Verrätst du es mir?

Sarah Connor – Vincent

WAS *dich ausmacht*

Hast du manchmal Angst,
das zu verlieren,
was dich mehr als alles andere ausmacht?
Ich definitiv.

Ich schimpfe zwar oft über Muse,
aber immer, wenn sie mehrere Tage in Folge schweigt,
und mich nicht zum Schreiben zwingt,
bekomme ich Angst.

Immer wenn sie zu lange still ist,
fürchte ich, dass ich sie verloren habe,
und damit auch die Fähigkeit,
Gefühle in Worte zu verpacken
und aus diesen Gedichte werden zu lassen.

Das ist das, was mich am meisten ausmacht
und gerade weil es so einen großen Teil
meines Lebens
und meiner Identität ausmacht,
habe ich oft Angst,
diese Fähigkeit zu verlieren.

Wenn ich nicht mehr schreiben kann,
wenn ich nicht mehr Gefühle ausdrücken kann,
nicht mehr Worte zu Gedichten aneinanderreihen kann,
wer bin ich dann?

Wer bin ich,
wenn es plötzlich still ist in meinem Kopf?
Wer bin ich,
wenn ich nicht mehr überall in der Wohnung
Stifte und Papier bunkere?

Wer bin ich,
wenn mir auf einmal mein Kopf allein gehört?
Wenn ich einfach die Gabe verliere,
andere mit auf die Reise durch meine Seele zu nehmen?
Wenn ich meine Gefühle
nicht mehr aus mir herausschreiben kann?
Wenn der Quell versiegt?

Wie ist das bei dir?
Hast du auch Angst?
Sorgst du dich ebenso,
das zu verlieren,
was dich in deinen Augen
mehr ausmacht als alles andere?
Oder ist es etwas, das dir niemand nehmen kann?

Ich versuche, im Moment zu leben.
Ich versuche, die Ruhe zu bewahren,
wenn Muse für einige Tage schweigt.
Ich versuche, darauf zu vertrauen,
dass sie zu mir zurückkommt,
weil sie das bis jetzt ja auch immer getan hat.
Ich versuche zu vertrauen.
Was ist mit dir?
Wie gehst du damit um?
Verrätst du es mir?

Billie Eilish – When the Party's over

VERSPRECHEN

Ich kann dir nicht versprechen,
dass du für immer glücklich sein wirst.
Ich kann dir nicht versprechen,
dass es keine dunklen Tage mehr geben wird.
Ich kann dir nicht versprechen,
dass jeden Tag die Sonne scheint.
Ich kann dir nicht versprechen,
dass wir niemals streiten werden.

Ich kann dir nicht versprechen,
dass du niemals wütend auf mich sein wirst.
Ich kann dir nicht versprechen,
dass du ‚uns' für keine Sekunde bereuen wirst.
Ich kann dir nicht versprechen,
dass ich immer da sein werde.
Ich kann dir nicht versprechen,
dass wir ein Happy End bekommen.

Ich kann dir nicht versprechen,
dass du nicht irgendwann genug von mir haben wirst.
Ich kann dir nicht versprechen,
dass ich nicht manchmal aufbrausend sein werde.

Ich kann dir nicht versprechen,
dass dir meine zahlreichen Fehler
nicht irgendwann auf die Nerven gehen werden.
Ich kann dir nicht versprechen,
dass ich für immer das sein werde, was du willst.

Ich kann dir nicht versprechen,
dass meine Unsicherheiten
dir nicht manchmal das Leben schwermachen.
Ich kann dir nicht versprechen,
dass ich sie je ablegen werde.
Ich kann dir nicht versprechen,
dass ich nie wieder Albträume haben werde.
Ich kann dir nicht versprechen,
dass ich mich nicht manchmal zurückziehen werde.

Ich kann dir nicht versprechen,
dass ich dich nie von mir stoßen werde.
Ich kann dir nicht versprechen,
dass das mit uns für immer ist.
Ich kann dir nicht versprechen,
dass ich jemals heil sein werde.
Ich kann dir nicht versprechen,
dass ich je so sein kann, wie alle anderen.

Ich kann dir nicht versprechen,
dass du nicht, ab und an, an mir verzweifeln wirst.

Ich kann dir nicht versprechen,
dass ich je unkompliziert sein werde.
Ich kann dir nicht versprechen,
dass ich irgendwann selbstbewusst werde.
Ich kann dir nicht versprechen,
dass ich mich jemals so sehen kann,
wie du mich siehst.

Ich kann dir so vieles nicht versprechen,
aber eine Sache, die kann ich dir sehr wohl versprechen,
ich kann sie dir schwören
und einen heiligen Eid ablegen:
Ich liebe dich.
Jetzt und hoffentlich für immer.
Den Rest müssen wir auf uns zukommen lassen.
Traust du dich, diese gemeinsame Reise anzutreten?
Unsere Reise in ein Wir?

Alex Condliffe & Lamb Hands – You

DIESER *Moment*

Kennst du diesen Moment,
kurz bevor etwas Schreckliches passiert?
Diesen kurzen Augenblick,
unmittelbar bevor es passiert?
Wenn dir plötzlich klar wird,
dass es so ein Moment ist?
Wenn du ganz genau weißt,
dass gleich etwas passieren wird,
aber du weder weißt, was es ist,
noch wie du es vielleicht,
so unwahrscheinlich es auch ist,
noch anwenden kannst.
Du weißt, es passiert
und du kannst nur vor Angst erstarrt darauf warten,
dass alles um dich herum zerbricht.

Kennst du diese Momente?
Kennst du diese lähmende Furcht
vor dem Unausweichlichen?
Dieser Augenblick,
wenn dir ein Schauer über den Rücken läuft
und es sich anfühlt,
als würde dein Herz stehenbleiben,
nur um dann loszurasen?

Kennst du dieses Gefühl?
Wenn du dich panisch umsiehst
und hoffst, die Gefahr zu erkennen,
das, was kommen wird, irgendwie zu verhindern.
Aber du weißt einfach, dass du es nicht schaffen wirst.
Du weißt, dass es geschehen wird,
was auch immer es sein mag.

Du kannst nichts tun.
Du kannst nur warten und hoffen,
dass es vielleicht nicht ganz so schlimm sein wird.
Dass du vielleicht nur
mit dem Schrecken davonkommen wirst.
Kennst du diese Momente?

Beyoncé – I was here

VORWÜRFE

Du wirfst mir vor,
nicht für dich da gewesen zu sein,
dich nicht unterstützt zu haben.
Aber sag mir,
was hätte ich deiner Meinung nach tun sollen?
Was hätte ich anders machen sollen?

Ich war da.
Ich war jeden Tag da.
Ich habe dir meine Liebe geschenkt,
dich meiner Unterstützung versichert,
dich gefragt, was du willst
und was du brauchst.

Es ist nicht meine Schuld,
dass du nicht mit mir darüber geredet hast.
Es ist nicht meine Schuld,
dass du dich in deinen Gefühlen verloren
und mich ausgeschlossen hast.
Es ist nicht meine Schuld,
dass du mich ausgeblendet hast.

Denkst du, das war mir egal?
Denkst du, das hat mir nicht auch wehgetan?
Denkst du, mein Herz sei daran nicht zerbrochen?
Wenn du das wirklich denkst,
Dann kennst du mich nicht.
Denn du liegst falsch.

Es hat so weh getan,
dich leiden zu sehen,
ohne dir helfen zu können.
Von dir abgeblockt
und weggejagt zu werden.
Zu sehen, wie du dich in deinem Schmerz verloren hast,
unerreichbar für mich.
Mich ungewollt zu fühlen,
abgelehnt.
Du hast mich ausgeschlossen,
mir nicht genug vertraut,
oder mich einfach nicht wichtig genug genommen,
um dich mir anzuvertrauen.

Du wirfst mir vor,
nicht für dich da gewesen zu sein,
und dich nicht unterstützt zu haben.
Hast du die letzten Monate vergessen?
Ich war da.

Ich habe immer versucht, für dich da zu sein,
dich zu unterstützen,
dir ein offenes Ohr
und meine Schulter zum Anlehnen zu leihen,
aber du wolltest mich nicht.

Wie kannst du es wagen,
mir jetzt deswegen Vorwürfe zu machen?
Sag mir,
was hätte ich deiner Meinung nach
anders machen können?
Was hätte ich tun sollen?
Was hättest du von mir erwartet?

Oder ist es rückblickend schlicht einfacher,
mir die Schuld an allem zu geben?
Ist es leichter, alles auf mich abzuwälzen,
als dich mit deinen Problemen
und deiner Reaktion darauf auseinanderzusetzen?

Du hast dich schlimm aufgeführt.
Ich weiß, du hast gelitten,
aber das gibt dir nicht das Recht,
alles an mir auszulassen.
Es gibt dir nicht das Recht,
mir das Herz zu brechen.

Also gib mir von mir aus die Schuld an allem,
tu was du nicht lassen kannst.
Lass alles raus, was du in dich hineingefressen hast.
Aber erwarte nicht, dass ich noch da bin,
wenn du endlich fertig bist.
Du hast mich verletzt,
tief verletzt,
und jetzt machst du alles noch schlimmer.
Ich habe nicht vor, das mit mir machen zu lassen.
Ich hoffe, dir wird irgendwann klar,
was du getan hast.
Und ich hoffe noch viel mehr,
dass du aus deinen Fehlern für die Zukunft lernst.
Auch wenn es für uns zu spät ist.

Beyoncé – I was here

Splitter

Ich bin zerbrochen,
in 100.000 Splitter.
Du hast bekommen, was du wolltest.
Du hast mich zerstört.
Bist du jetzt glücklich?
Bist du jetzt endlich zufrieden?

Ich sitze hier,
umgeben von so vielen Splittern,
die einst ich waren,
ein Teil von mir,
aber die mir jetzt so fremd sind.
Du bist weg,
nachdem du dein Werk bewundert hast,
aber eines hast du dabei vergessen:
Was zerbrochen ist, kann man kleben.

Also klebe ich Splitter für Splitter,
suche ihre Gegenstücke
und füge sie wieder zusammen.
Es dauert Ewigkeiten,
und ist alles andere als leicht,

aber ich will dir diese Genugtuung nicht gönnen,
dass ich zerbrochen bleibe.
Ich will nicht, dass du gewinnst.

Ich suche all die Orte auf,
an denen du meine Splitter verteilt hast,
den Supermarkt,
in dem ich niemandem mehr
in die Augen schauen kann,
seit du mich vor allen
zum Weinen gebracht
und ein Stück aus mir herausgebrochen hast.

Aber ich hole es mir zurück.
So schwer es mir auch fällt,
ich gehe nicht mehr
mit gesenktem Kopf durch die Gänge,
mit hochgezogenen Schultern,
eingeschüchtert,
verschreckt,
peinlich berührt,
meide nicht mehr die Blicke,
verstecke mich nicht mehr.
Ich hole mir meinen Splitter
und bin wieder ein kleines Stückchen mehr Ich.

Ich sammle meine Splitter wieder ein,
füge sie zusammen
und repariere,
was du zerstört hast.
Ich repariere mich und werde wieder die,
die ich war,
bevor du in mein Leben tratst.

Ja, du hast mich in 100.000 Splitter zerbrochen,
aber ich habe schon über 30.000
wieder zusammengefügt
und irgendwann werde ich wieder ganz sein,
mit Narben zwar,
aber ganz,
fast, als hätte es dich nie gegeben.

Stereophonics – Daisy Lane

ICH BIN *mehr*

Ich bin mehr als die Summe meiner Fehler.
Ich bin mehr als die Summe meiner Fehlschläge.
Ich bin mehr als meine Erfolge.
Ich bin mehr als Dinge, die man aufzählen kann.

Ich bin mehr als meine Kurven.
Ich bin mehr als ein Bauch, Hüfen oder Hintern.
Ich bin mehr als eine dicke Frau.
Ich bin mehr als das,
was du mit deinen Augen sehen kannst.

Ich bin mehr, als ihr je erfahren werdet,
weil ihr euch nie die Mühe gemacht habt,
mich kennenzulernen.
Mich.
Die, die ich wirklich bin.

Ich weiß, ich habe es euch nicht leicht gemacht.
Ich bin eben eher verschlossen.
Ich bleibe meist für mich.
Aber wenn ihr mich angesprochen habt,
habe ich euch nie weggejagt.

Ich war immer freundlich,
höflich,
niemals kurz angebunden.
Ja, ich bin vorsichtig,
zurückhaltend
und nicht der vertrauensseligste Mensch der Welt.
Aber ich habe euch auch nie die kalte Schulter gezeigt.

Ihr seht nur, was ihr sehen wollt.
Interessiert es euch überhaupt, wer ich bin?
Oder reicht euch euer oberflächliches Bild von mir?
Letztlich ist es egal.
Ich weiß, wer ich bin.
Und ich weiß, dass ich mehr bin,
als ihr je erfahren werdet.

Wonderwall – Just more

VERLIEBT

Warst du schon einmal verliebt?
Ich kenne die Liebe nur aus Büchern.
So richtig verliebt war ich noch nie.
Ich dachte, ich wäre es, ab und an,
aber heute weiß ich,
dass das eher Wunschdenken war.
Ich weiß genug über die Liebe,
um mir sicher zu sein,
dass ich sie noch nie gespürt habe.

Ich wollte noch nie
jede Minute eines jeden Tages
mit einem anderen Menschen verbringen.
Ich wollte noch nie alles geben,
alles opfern,
um die Träume eines anderen wahrwerden zu lassen.
Ich wollte noch nie
einfach stundenlang neben jemandem sitzen,
ohne auch nur ein Wort zu sagen,
weil es reicht, einander im Arm zu halten.

Weißt du, wie sich Liebe anfühlt?
Die richtige, echte, wahre Liebe?
Die, die in Songs besungen wird,

über die ganze Romane geschrieben werden.
Liebe, die Berge versetzt
und Grenzen überwindet.
Liebe, die dein Herz so erfüllt,
dass es sich anfühlt, als würde es gleich platzen
und die es gleichzeitig so leicht werden lässt,
dass du das Gefühl hast,
du könntest jeden Moment deine Flügel ausbreiten
und davonfliegen.

Hast du schon einmal so geliebt?
So aufrichtig und tief,
dass dieses Gefühl einfach alles andere überlagert hat?
Ich frage mich immer wieder,
wie es sich wohl anfühlen mag.

Wie fühlt es sich an, so sehr zu lieben?
Und wie fühlt es sich an,
ebenso zurückgeliebt zu werden?
Wie fühlt es sich an,
das Wichtigste für jemanden zu sein?
An erster Stelle zu stehen?
Wie fühlt es sich an,
wenn aus zwei Seelen eine wird?
Wie fühlt es sich an,
sein Herz zu verschenken?
Bedingungslos und vertrauensvoll zu lieben?

Wie fühlt es sich an?
Weißt du es?
Verrätst du es mir?

ICH *wünsche mir* ...

Ich weiß, die Zeit kann keiner von uns anhalten,
und das ist auch gut so.
Aber das bedeutet nicht,
dass wir uns immer
unserem Alter entsprechend benehmen müssen.
Erwachsen zu sein bedeutet nicht,
die Freude am Leben
oder den kleinen Dingen zu verlieren.
Deswegen wünsche ich mir,
dass du in deinem Herzen
für immer jung bleiben wirst.
Immer frei,
ungestüm,
offen,
furchtlos
und voller Vertrauen in dich
und die Welt.

Ich wünsche mir,
dass du niemals deine Rosarote Brille ablegen musst.
Dass du für immer an Wunder glaubst.
Dass du darauf vertraust,
dass alles gut werden wird,

so schlimm es vielleicht manchmal auch aussieht.
Ich wünsche mir,
dass du niemals den Mut verlierst.
Ich wünsche mir,
dass du nie vergisst,
wie es sich anfühlt, jung zu sein.
Dass du niemals aufhörst,
Bilder in den Wolken zu suchen
oder einen Schneeengel zu machen.

Ich wünsche mir,
dass du ohne Sorgen durch dein Leben gehen kannst,
ohne ständig ängstlich in die Zukunft zu blicken.
Ich wünsche mir,
dass du Menschen niemals
als potenzielle Bedrohung sehen wirst.
Dass du an das Gute in ihnen glauben kannst.
Ich wünsche mir,
dass du den Schneeflocken
beim Fallen zuschauen willst,
und sie nicht als Ärgernis siehst.
Ich wünsche mir,
dass du nie vergisst,
wie viel Freude
dir jeder Augenblick schenken kann,
wenn du ihn nur lässt.

Ich wünsche mir all das und so viel mehr für dich.
Und am allermeisten, dass du niemals aufhörst,
daran zu glauben, dass Wünsche wahr werden können.

Michael Patrick Kelly – Forever Young

WORTE

Kennst du die Macht der Worte?
Du denkst vielleicht,
es seien bloß aneinandergereihte Buchstaben,
aber ihre wahre Kraft
kann gar nicht hoch genug eingeschätzt werden.
Worte sind Klingen,
die uns durchdringen können,
sie sind Balsam, der unsere Wunden heilt,
sie können uns zerstören
und wieder zusammensetzen.

Hast du schon einmal eine mitreißende Rede gehört?
Eine, die dich auf den Tisch springen,
einfach etwas *tun* lassen wollte?
Worte haben die Macht, uns zu inspirieren.
Sie können uns Kraft geben und uns motivieren.
Sie können einen Funken in uns entzünden,
der bald zu einem Feuer,
einem Ziel wird.

Worte können uns aber auch demotivieren,
uns jeglichen Antrieb,
sämtliche Hoffnung nehmen.

Sie können unser Selbstvertrauen zerstören,
unser Vertrauen in uns
und unsere Fähigkeiten pulverisieren,
bis wir nur noch eine leere Hülle sind
und dort, wo einst unsere Träume waren,
ist nur noch Dunkelheit.

Worte sind verheerender als jeder Waldbrand
und stärker als jeder Panzer.
Sie durchdringen alle Schutzmauern
und treffen dich da, wo du am verletzlichsten bist.
Sie brennen sich durch alle Schichten
und verzehren deine Seele,
bis nichts als Asche übrig ist.

Worte haben Macht.
Worte können inspirieren und zerstören.
Also sei vorsichtig mit dem, was du sagst,
und vergiss nicht,
dass auch du schon einmal zu spüren bekommen hast,
was Worte anrichten können.

Linda Elsener & ELIF – How to fall in love

Worte haben Macht

ICH HABE *gelebt*

Ich weiß, ich bin niemand,
dem einmal ein Denkmal gesetzt wird.
Ich bin niemand, der in den Zeitungen landet
oder der für immer unvergessen sein wird.
Ich bin keine Ikone oder irgendetwas in der Art.
Ich bin einfach eine normale Frau,
die im kleinen Rahmen
ihre Spuren in der Welt hinterlässt,
indem sie Bücher veröffentlicht,
die vielleicht
auch noch in einigen Jahrzehnten gelesen werden,
zumindest hoffe ich das.
Ich tauche im Impressum einiger anderer auf,
weil ich an ihnen mitgearbeitet habe,
aber alles noch in kleinem Rahmen.
Trotzdem, mein Name steht da schwarz auf weiß.
Ich habe existiert.
Ich habe etwas hinterlassen.
Ich werde zumindest nicht komplett vergessen werden,
wenn ich einmal nicht mehr bin.

Ist das wichtig?
Ich weiß es nicht.

Ich strebe nicht direkt danach,
aber es fühlt sich irgendwie gut an,
eine sichtbare Spur hinterlassen zu haben.
Ich glaube, keiner von uns möchte vergessen werden.
Niemand möchte unsichtbar sein
oder das Gefühl haben,
nichts Greifbares getan oder bewirkt zu haben.
Wie ist das bei dir?
Beschäftigt dich dieser Gedanke auch?
Oder ist dir das alles egal?

Ich glaube, jeder möchte irgendwie
etwas Besonderes sein.
Wir alle suchen nach unserem Platz auf der Welt
und wünschen uns, angekommen zu sein.
Und vielleicht ist es egal,
ob man sich in fünfzig oder hundert Jahren
noch an uns erinnert,
aber schön wäre es, glaube ich, schon.
Denkst du nicht?
Möchtest du nicht auch auf irgendeine Art
deine Spuren hinterlassen?
Möchtest du nicht auch etwas haben,
das beweist:
Ich war hier.
Ich habe gelebt.

Beyoncé – I was here

DAS LETZTE *Mal*

Heute war das letzte Mal,
dass ich dir die Tür geöffnet habe.
Heute war das letzte Mal,
dass ich dir eine Chance gegeben habe.
Heute war das letzte Mal,
dass ich mir angehört habe,
was du zu sagen hast.

Heute war das letzte Mal,
dass du mich dumm genannt hast.
IIeute war das letzte Mal,
dass du mich hysterisch genannt hast.
Heute war das letzte Mal,
dass du mich kindisch genannt hast.

Heute war das letzte Mal,
dass du mich egoistisch genannt hast.
Heute war das letzte Mal,
dass du mich fett genannt hast.
Heute war das letzte Mal,
dass du mich hässlich genannt hast.

Heute war das letzte Mal,
dass du mir das Gefühl gegeben hast,
wertlos zu sein.
Heute ist das letzte Mal,
dass ich deinetwegen geweint habe.
Heute ist das letzte Mal,
dass ich mich gefragt habe,
ob du vielleicht recht hast.

Heute war das letzte Mal,
dass du mein Selbstvertrauen
und mich
mit Füßen getreten hast.
Heute war das letzte Mal,
dass du mit mir gesprochen hast.
Heute war das letzte Mal,
dass du vor meiner Tür gestanden hast.

Heute war das letzte Mal,
dass du mich verletzt hast.
Ich habe endgültig genug.
Die Chancen sind mir ausgegangen,
und wenn wir ehrlich sind,
verdient hast du schon seit zwanzig Chancen
keine weitere mehr.

Und ab sofort wird es keine mehr geben.
Von heute an sind wir Fremde.

Du gehörst nicht mehr zu meinem Leben.
Du hast es nicht verdient.
Ich habe endlich erkannt,
dass es meine Entscheidung ist.
Und ich entscheide mich für mich und gegen dich.
Also leb damit.

Taylor Swift & Gary Lightbody – The last time

BOSHEIT VS. *Hoffnung*

Was willst du von mir?
Was, was du nicht schon hast?
Was willst du noch?
Du hast mir doch schon alles genommen.
Du hast meine Träume zerstört.
Meine Zukunft in den Staub getreten.
Mein Selbstvertrauen zermalmt.
Was also willst du noch?
Das letzte Bisschen, das von mir noch übrig ist?

Reicht es dir noch immer nicht?
Hast du nicht irgendwann einmal genug davon?
Warum macht es dir so viel Spaß,
mich zu verletzen?
Warum ist es dir so wichtig,
dass es mir dreckig geht?
Was gibt dir das?

Hasst du mich?
Ist es das?
Ist das der Grund für all das?
Oder genießt du es einfach,
andere mit deinen Worten in Stücke zu reißen?

Tauchst du sie in Bosheit,
um möglichst große Wunden zu verursachen?
Wann wird es endlich genug sein?
Wann wirst du zufrieden sein
und mich endlich in Ruhe lassen?

Aber eine Sache hast du nicht bedacht.
Vielleicht hast du mich in hunderte Teile zerbrochen,
vielleicht hast du sie dir in die Taschen gesteckt,
damit ich sie nicht wieder zusammensetzen kann,
aber vielleicht habe ich sie auch in Gift getaucht,
ein Gift namens Hoffnung.

Hoffnung darauf,
deinem Einfluss eines Tages zu entkommen.
Hoffnung darauf,
irgendwann wieder ganz zu sein.
Hoffnung darauf,
frei von dir zu sein.
Vielleicht wirkt meine Hoffnung auf dich genauso giftig
wie deine Worte auf mich?
Was denkst du, ist leichter zu bekämpfen,
Bosheit oder Hoffnung?

Was denkst du,
wer von uns beiden wird am Ende noch stehen?
Wer wird diesen Kampf gewinnen?
Du oder ich?

Aber eins steht fest,
wenn ich es sein sollte,
werde ich meine Teile nehmen
und mich Stück für Stück wieder zusammensetzen.
Ich werde dein Gift aus meinen Gedanken
und meinem Herzen verbannen.
Und ich werde nie wieder
auch nur eine Sekunde meines Lebens
an dich und deine Bosheit verschwenden.

Demi Lovato – Skyscraper

EIN *Wunsch*

Hätte ich nur einen Wunsch frei,
ich würde mir wünschen,
die Uhr zurückzudrehen.
Ich würde ungeschehen machen,
was damals passiert ist.
Ich würde dich nicht verletzen,
so wie ich es getan habe.
Ich würde es verhindern,
egal wie.
Ich würde alles dafür tun.
Alles.
Ganz egal was.

Hätte ich nur einen Wunsch frei,
würde ich dir den Schmerz ersparen,
denn das Wissen,
dass ich verantwortlich dafür bin,
bringt mich um.
Das Wissen, dass ich dafür gesorgt habe,
dass deine Augen voller Tränen sind,
damit kann ich nicht leben.
Die Schuld nagt tagtäglich an mir.

Ich weiß,
ich habe deine Vergebung nicht verdient.
Ich bitte auch nicht darum.
Viel mehr würde ich mir wünschen,
dass es nie passiert ist.
Kann nicht jemand eine Zeitmaschine erfinden,
damit ich es verhindern kann?
Damit ich mich selbst davon abhalten kann,
unsere beiden Herzen zu brechen?

Ich bin heute ein anderer Mensch.
Der Schmerz in deinem Gesicht,
die Tränen in deinen Augen,
sie haben mich verändert.
Sie haben mir klar gemacht,
dass es Dinge gibt,
die man nicht zurücknehmen kann,
egal, wie sehr man es auch möchte.
Dass es Dinge gibt,
die man nicht reparieren kann,
die einmal zerbrochen,
nicht gekittet werden können.

Ich war egoistisch.
Ich war selbstsüchtig.
Ich war blind.
Ich habe mich verändert,
aber nicht schnell genug für uns.

Du hast mir vertraut
und ich habe dieses Vertrauen verraten.
Und bis zu meinem letzten Atemzug
werde ich mir wünschen,
das irgendwie ungeschehen zu machen.
Auch wenn ich weiß,
dass das unmöglich ist.

Michael Patrick Kelly – Blurry Eyes

TRAURIGKEIT *und Dunkelheit*

„Jeder ist mal traurig.“
„Komm drüber weg.“
„Sei doch nicht immer so dramatisch!“
„Du steigerst dich da rein.“

Ja, jeder ist *mal* traurig,
aber es gibt einen Unterschied
zwischen *traurig*
und *mehr*.
Zwischen *traurig* und der Dunkelheit,
die seit Jahren mein Leben bestimmt.

Du glaubst, du hast den Durchblick.
Du glaubst, du kennst dich aus.
Warum?
Weil du schon einmal *traurig* warst?

Hast du eine Ahnung, wie es ist,
jeden Augenblick eines jeden Tages
diese Dunkelheit zu spüren?
Zu wissen, dass sie im Hintergrund lauert
und nur auf einen schwachen Moment wartet?

Auf einen Augenblick,
in dem sie deine Schutzmauern überwindet
und dich wieder in den Abgrund stoßen kann?

Weißt du, wie es ist,
von ihr unter Wasser gedrückt zu werden,
bis du glaubst zu ertrinken?
So lange zu weinen,
bis du keine Tränen mehr in dir hast?
So tief in der Dunkelheit gefangen zu sein,
dass du beinahe vergisst,
was Licht ist?

Weißt du, wie es ist,
nach jedem gewonnenen Kampf,
wenn du die Dunkelheit gerade zurückgeschlagen hast,
in Angst zu leben,
vor dem nächsten Angriff?
Die Angst begleitet mich,
genauso wie die Dunkelheit.
Sie gehören zusammen.
Die Angst, von ihr verschluckt zu werden,
aber vor allem die Angst,
das nächste Mal nicht mehr stark genug zu sein,
um ihr zu entkommen.

Weißt du, wie sich das anfühlt?
Es ist mehr als *Traurigkeit*,

es ist so viel größer,
so viel gewaltiger,
so viel furchteinflößender.
Du hast kein Recht, über mich zu urteilen,
solange du nicht weißt, wie es ist.
Aber ich hoffe inständig,
dass du es nie herausfinden wirst.

Michael Patrick Kelly – Paragliding

MEINE *Gefühle*

So viele Jahre habe ich damit verbracht,
meine Gefühle zu verdrängen.
Ich habe sie so lange verleugnet,
dass ich gar nicht mehr weiß,
wie es ist, sie alle wirklich zu fühlen.

Ich war all die Jahre im Überlebensmodus,
habe alles verdrängt,
das mich zu zerstören drohte.
Ich habe es weggeschoben,
in Kisten verpackt
und auf dem Dachboden verstauben lassen.

Ich hätte nie erwartet,
dass sie mich irgendwann einholen würden.
Dass sie nur auf eine Gelegenheit warten,
um sich auf mich zu stürzen
und mich mit allem zu konfrontieren,
was ich so lange ignoriert habe.

Ich habe nie gelernt,
mich mit diesen Gefühlen auseinanderzusetzen,
sie zu verarbeiten

und endgültig mit ihnen abzuschließen.
Ich weiß nur, wie man sie verdrängt.

Ich weiß, es ist nicht gesund,
Gefühle zu verdrängen.
Ich weiß auch, dass sie nie ganz weg sind.
Aber sie waren nicht mehr ganz so groß,
nicht mehr so überwältigend,
in ihren Kisten.
Sie wirkten beherrschbarer.

Ich hatte keine andere Wahl, weißt du?
Ich bin langsam ertrunken.
Ich war allein,
in einem verschlossenen Raum,
und die Gefühle stiegen höher und höher,
wie Wasser,
stetig und unaufhaltsam.
Irgendwann stand mir das Wasser bis zum Hals
und dann noch höher.
Es waren zu viele Gefühle.
Egal, wie sehr ich auch gestrampelt habe,
ich war chancenlos.

Ich musste sie wegsperren.
Ich musste sie mir irgendwie vom Hals schaffen,
um wieder atmen zu können.

Mir war klar, dass ich einen Weg hätte finden müssen,
mit ihnen umzugehen,
aber das konnte ich nicht.
Ich stand auf verlorenem Posten

Ich hatte keine Ahnung,
wie viele Gefühle ich wirklich
in diese Kisten gestopft hatte.
Ich wusste nicht, dass es so viele sind.
Aber immer öfter suchen sie mich jetzt heim,
verlangen meine Aufmerksamkeit
und lassen sich nicht länger einsperren.

Es ist hart, mich mit ihnen auseinanderzusetzen.
Es ist vor allem deswegen so hart,
weil an jedem Gefühl Erinnerungen hängen,
Erinnerungen, die ich nicht haben will.
Von denen ich mir wünsche,
ich könnte sie irgendwie vergessen.

Ich weiß nicht, ob ich stark genug bin,
mich mit all dem zu beschäftigen.
Ich habe Angst, dass ich daran zerbreche.
Ich habe so viele Jahre gebraucht,
um mich selbst einigermaßen
ins Gleichgewicht zu bringen,
um zu funktionieren, ohne die ständige Angst,
von allem überwältigt zu werden.

Was, wenn ich es nicht schaffe?
Was, wenn ich versage?
Was, wenn alles umsonst war?
Was, wenn durch die Last der Gefühle
und Erinnerungen
mein Kartenhaus zusammenbricht?
Wenn ich es nicht mehr schaffe zu funktionieren?
Wenn die Flutwelle mich mit sich reißt
und ich mich nirgendwo festhalten kann?
Was, wenn sie mich aufs offene Meer treibt?

Ich will nicht ertrinken.
Ich will nicht an all diesen Dingen zerbrechen.
Ich will stärker sein als das.
Ich will mich nicht kaputt machen lassen.
Ich habe nicht so lange überlebt,
um mich jetzt ertränken zu lassen.
Aber ich weiß auch nicht,
wie ich es verhindern kann.
Was kann ich tun?
Wie verarbeitet man so viel alten Schmerz?

Ich will wieder atmen können!
Ich will mein Gleichgewicht zurück!
Ich will kein hilfloser Spielball meiner Gefühle sein!
Ich will lernen, wie man mit ihnen umgeht,
wie man sie verarbeitet,
wie man sie endlich loslässt.

Ich will mich nie wieder machtlos fühlen.
Und ich hoffe, dass es mir irgendwann gelingt.

OPFER *und Kompromisse*

Wir alle bringen Opfer,
beinahe jeden Tag.
Mal größere, mal kleinere,
mal zum Wohle eines anderen,
mal für ein übergeordnetes Ziel,
das wir zu erreichen hoffen.
Opfer gehören zum Leben dazu,
die Kunst ist,
sie nicht überhand nehmen zu lassen.

Was opferst du?
Einen Abend mit Freunden
zugunsten einiger Überstunden,
um deine Chancen auf eine Beförderung zu vergrößern?
Dein bevorzugtes Fernsehprogramm,
weil dein Partner lieber etwas anderes sehen möchte?
Oder opferst du größere Dinge?
Deine beruflichen Ziele,
damit ein anderer die Seinen erreichen kann?
Deine Zukunftsvorstellung,
weil sie nicht mit der eines anderen übereinstimmt?

Opfer gehören zum Leben dazu,
das weiß jeder.
Aber alles in Maßen.
Was bringt es dir,
nach und nach alles zu opfern, was dir wichtig ist?
Ja, es macht dich zu einem „guten Menschen",
zu einem „Heiligen", und es gibt Menschen,
die dich dafür bewundern und loben werden,
aber reicht dir das?
Ist das genug, um all die Opfer zu rechtfertigen?

Kleinere Opfer nennt man auch „Kompromisse".
Das Leben besteht aus Kompromissen.
Heute essen wir chinesisch
und morgen dafür italienisch.
Heute schauen wir einen Actionfilm
und morgen eine Romanze.
Wir kaufen nicht das beige,
aber auch nicht das schwarze Sofa,
wir finden einen Mittelweg,
einen, mit dem beide leben können.
Und wenn uns eines Tages die Kompromisse ausgehen,
sind wir vielleicht am Ende angelangt.

Manche Dinge sind unvereinbar,
das ist mir klar.
Wenn dein Traumjob in Amerika ist und meiner ist hier,
kann das auf Dauer nicht funktionieren.

Entweder wir finden einen Kompromiss,
in Form einer Fernbeziehung,
oder es funktioniert nicht.
Ich würde nicht wollen,
dass du deine Träume für mich aufgibst
und ich hoffe, dir geht es mit mir genauso.

Ich weiß nicht, wie es dir geht,
aber ich kenne mich.
Würdest du mich überreden
oder gar dazu zwingen,
meine Träume aufzugeben,
würde ich dich eines Tages dafür hassen.
Ich würde es dir vorwerfen,
es würde vergiften, was wir eigentlich retten wollten.
Es würde mich zerstören
und ich weiß nicht,
ob ich es dir jemals vergeben könnte.

Meine Träume sind mir genauso wichtig
wie dir die deinen.
Sie sind nicht weniger wert.
Ich kann sie nicht um deinetwillen aufgeben
und ich würde das niemals von dir verlangen.
Es gibt Dinge, die sollte man nicht opfern,
denn wenn man es tut,
verliert man einen zu großen Teil von sich selbst,
einen Teil, den man nie wieder zurückbekommt.

Wir alle bringen Opfer,
größere und kleinere,
und das beinahe jeden Tag,
aber trotzdem müssen wir manchmal egoistisch sein.
Manchmal müssen wir
auf unserem Standpunkt beharren,
egal wie schwer uns das auch fällt.

Ich frage mich, wie es wohl ist,
egoistisch zu sein.
Immer den eigenen Kopf durchzusetzen,
ohne Rücksicht auf Verluste.
Bestimmt fühlt es sich für eine Weile gut an,
immerhin bekommt man alles, was man will.
Aber ich glaube, irgendwann
hat man einfach zu viele Trümmer aufgetürmt,
zu viele Menschen überrollt und hinter sich gelassen,
um noch genießen zu können,
dass man ja eigentlich gewonnen hat.
Vielleicht ist es dann kein Sieg mehr,
sondern ein Verlust, weil man zu viel zerstört hat,
auf dem Weg zum Ziel.

Ich denke, Opfer sind wichtig.
Sie gehören zum Leben dazu.
Opfer sind der Grundstein eines jeden Kompromisses
und ohne Kompromisse funktioniert keine Beziehung
und auch keine Gesellschaft.

Opfer und Kompromisse gehen Hand in Hand.
Das Wichtigste ist aber,
sich dabei nicht selbst zu verlieren,
ob man nun der ist, der etwas opfert,
oder der, für den etwas geopfert wird.

Manche Opfer bringen wir gern,
um andere damit glücklich zu machen.
Wir verzichten auf einen bestimmten Film,
weil der andere lieber einen anderen sehen möchte,
aber wir würden nicht zustimmen,
derlei Filme nie wieder zu sehen.
Es gibt Grenzen und wir müssen lernen zu erkennen,
wo die unseren liegen.
Was können wir opfern
und was müssen wir uns bewahren,
um nicht zu viel von uns zu verlieren?
Und wann müssen wir uns durchsetzen,
damit wir nicht im Windschatten eines anderen
zu Boden stürzen?

Es ist nicht leicht, all das zu lernen.
Es ist schwer und kompliziert.
Zwangsläufig machen wir Fehler,
verletzen uns und andere,
aber wir müssen es lernen,
um uns nicht selbst zu verleugnen.

Es ist wichtig, dass man am Ende des Tages
die Person noch erkennt,
die einem aus dem Spiegel entgegenblickt.

Was bist du bereit zu opfern?
Welche Kompromisse kannst du schließen?
Und welche Dinge sind für dich zu essenziell,
um sie jemals aufzugeben?
Weißt du es?

Sleeping at Last – Saturn

DIAGNOSE, *Etikett und ich*

So viele Jahre habe ich versucht, herauszufinden,
was mit mir nicht stimmt.
Warum ich,
so sehr ich mich auch anstrenge,
einfach nicht in diese Welt zu passen scheine.
Ich war auf der Suche nach einer Diagnose,
einer Erklärung,
einem Etikett.
Ich wollte es verstehen,
aber heute weiß ich, dass es nicht wichtig ist,
ich bin wichtig.

Ich habe mich total in dieser Suche verrannt.
Ich wollte sagen können:
„Ich bin nicht seltsam, ich bin ...“
„Ich weiß, ich wirke komisch, aber das liegt an ...“
Ich wollte eine Erklärung, für andere,
nicht für mich selbst.
Ich wollte, dass die irritierten Blicke aufhören,
das Getuschel,
diese offensichtlichen Momente,
in denen klar wird,
dass ich meilenweit von „normal“ entfernt bin.

Ich habe viel gelesen,
recherchiert
und versucht,
mich in Beschreibungen wiederzufinden.
So viele Schlagworte, so viele Möglichkeiten,
aber was ich eigentlich gesucht habe,
war Akzeptanz.
Akzeptanz für meine Andersartigkeit.

Wenn man nicht so funktionieren kann,
wie man sollte,
wenn man aneckt und schnell überfordert ist
von Situationen und Menschen,
dann erntet man sehr viel Abneigung.
Die anderen wissen nicht,
wie sie mit einem umgehen sollen,
ob man einfach nur „seltsam"
oder verrückt
oder vielleicht sogar gefährlich
oder ansteckend ist.

Der gesunde Menschenverstand sagt einem zwar,
dass jemand nicht automatisch eine Gefahr darstellt,
nur weil ihn das Summen von Neonröhren ablenkt.
Dass nicht jeder Einzelgänger
im nächsten Augenblick ausrastet
und es eigentlich keinen Grund gibt,
Andersartigkeit zu fürchten.

Aber meistens hören wir in solchen Situationen
nicht auf den Verstand.
Wir sind irritiert,
peinlich berührt
und fühlen uns hilflos.
Wir wissen nicht,
wie wir mit dieser Person umgehen sollen
und aus diesem Grund starren wir
oder schauen betont weg
oder tauschen uns mit anderen darüber aus.
Wir spekulieren.
Weil anders einfach anders ist
und sehr oft *zu* anders ist.

Haben wir eine Diagnose,
ein Etikett,
fällt es uns leichter, die Person einzuordnen.
Wir zeigen eher Verständnis,
sind bereit, uns in gewissem Maße anzupassen.
Aber eben nur dann.

Deswegen habe ich mich danach gesehnt.
Ich wollte den Finger darauf legen,
ich wollte Fakten.
Ich habe nicht erkannt,
dass es dabei nicht um mich ging.

Dass ich versuchte,
mein Verhalten
den verschiedenen Möglichkeiten anzupassen,
nur um endlich mein Etikett zu finden,
aber so funktioniert das einfach nicht.
Heute weiß ich das.

Heute habe ich mir mein Leben
um mich und meine Andersartigkeit herum aufgebaut.
Ich meide Menschenmengen,
die mir ein schlechtes Gefühl geben.
Ich meide Neonröhren oder nutze Kopfhörer,
damit sie mich nicht ablenken.
Ich arbeite allein Zuhause,
damit ich nicht ständig anecke.
Ich habe akzeptiert,
dass ich besser mit Menschen umgehen kann,
wenn ich sie nicht direkt vor mir sehe.
Ich habe akzeptiert,
dass ich immer anders sein werde,
und daran nichts verkehrt ist.
Ich habe akzeptiert,
dass ich kein Etikett brauche,
um zu verstehen, wer und wie ich bin.

Ich bin ich,
so seltsam
und merkwürdig

und widersprüchlich,
wie ich eben bin.
Ich bin anders
und das gehört zu mir,
ist ein Teil von mir.
Ich bin nicht länger auf der Suche.
Ich habe es aufgegeben,
so viel Zeit meines Lebens damit zu verschwenden,
für andere eine Erklärung zu finden.
Ich komme klar mit mir.
Ich störe mich nicht an meinen Eigenheiten.
Und ich habe endlich eingesehen,
dass sie zu mir gehören,
und wenn mich andere merkwürdig finden,
sollen sie doch.
Ich brauche ihre Akzeptanz nicht mehr.
Ich bin ich.
Ohne Diagnose.
Ohne Etikett.
Aber dafür mit vielen Andersartigkeiten.

GAITS – Other Side

NORMAL

Ich verbringe meine Zeit damit, zu versuchen,
so zu sein,
wie die Welt mich haben will.
ihrer Definition nach
„normal" zu sein.

Ich versuche, nicht zu laut zu lachen,
oder zu wenig.
Ich versuche, gesellig genug zu wirken,
um nicht negativ aufzufallen
und dabei zu verbergen,
dass ich jetzt lieber ganz woanders wäre.
Ich versuche, niemanden merken zu lassen,
wie wenig ich wie sie bin,
wie wenig ich dazugehöre,
wie wenig „normal" ich bin.

Ich bin nicht „normal", das weiß ich.
Ich bleibe am liebsten für mich,
dabei soll ich doch gesellig sein.
Ich verbringe meine Freizeit mit Büchern,
dabei soll ich doch Freunde treffen und ausgehen.
Ich habe keine Ahnung von den aktuellen Charts,
weil ich lieber andere Musik höre.

Ich mag das Summen von Neonröhren nicht,
dabei sollte ich das gar nicht registrieren.
Ich mag es nicht,
wenn jemand im Bus neben mir sitzt,
dabei ist das doch „normal".
Ich mag es nicht,
wenn Grammatikregeln ignoriert werden,
dabei stört es doch sonst niemanden.
Ich mag es nicht,
im Mittelpunkt zu stehen,
dabei leben doch scheinbar alle dafür.
Ich mag es nicht,
dass ich so viele Erwartungen nicht erfüllen kann,
weil ich zu anders bin.

Ich hab am liebsten meine Ruhe.
Ich mag die Stille,
denn für mich ist sie niemals wirklich still.
Ich habe meine eigene Musik, die nur für mich spielt.
Ich habe meine Worte, die darauf warten,
dass ich sie niederschreibe.

Andere finden mein Leben langweilig,
sollen sie doch,
für mich ist es genau richtig.

Es ist nicht einfach,
anders zu sein.

Die Welt ist nicht dafür gemacht,
nicht in die üblichen Schablonen zu passen.
Egal, wie sehr ich mich auch anstrenge,
ich passe nicht hindurch.
Ich weiß, ich bin damit nicht allein,
aber an den allermeisten Tagen
fühlt es sich so an,
als wäre ich es.

Ich habe gute und schlechte Tage.
An den meisten Tagen fällt es mir nicht mehr so schwer,
das zu tun, was von mir erwartet wird.
So zu reagieren, wie alle anderen es tun,
nicht so offensichtlich anders zu sein.
Aber es gibt Tage, da verrutscht meine Maske.
Es gibt Tage,
da kann ich mich anstrengen, so viel ich will,
es ist nicht genug.
Das sind die Tage, an denen ich mich frage,
ob ich nicht einfach damit aufhören sollte.
Ob ich nicht aufhören sollte, so zu tun, als ob.
Und ob es wirklich so schrecklich wäre,
einfach ich zu sein.

Sleeping at Last – Bad Blood

Maske

So viele Jahre
habe ich eine maßgeschneiderte Maske getragen.
Sie war unbequem,
aber sie hat eigentlich ganz gut gepasst.
Doch seit einiger Zeit fällt es mir immer schwerer,
sie wieder richtig anzulegen.
Sie verrutscht
und fühlt sich nicht mehr richtig an.
Und ich frage mich,
ob das vielleicht ein Zeichen ist,
mit dem Tragen der Maske aufzuhören.

Manchmal ist es verdammt schwer,
für sich selbst einzustehen,
die zu sein,
die man wirklich ist,
anzuecken,
anstatt sich anzupassen,
weil die Welt einen nur dann zu akzeptieren scheint,
wenn man in ihr Schema passt
und nach ihren Regeln spielt.

Ich habe mein Leben damit verbracht,
mich anzupassen,
mich zu verbiegen
und zu verstecken,
aber ich will das nicht mehr.

Es geht im Leben nicht darum,
immer mit dem Strom zu schwimmen,
auch wenn es das ist,
was uns immer vorgebetet wurde.
Es gibt keinen Preis für Mr. oder Ms. Angepasst.
Wenn es dir nicht leichtfällt,
wie die anderen zu sein,
unter dem Radar zu fliegen
und dich der Norm anzupassen,
musst du dich entscheiden,
ob du dich verbiegen oder du selbst sein willst.

Aber weißt du auch, wie gefährlich es ist,
sich selbst zu verleugnen?
Wenn du dich immer nur verbiegst
und allen gerecht werden willst,
allen das geben willst, was sie von dir verlangen,
wird es dir irgendwann zu viel.

So viel Druck,
so viele Erwartungen
und immer wieder die Enttäuschung,

wenn es einem nicht gelingt, genau so zu sein,
wie die Welt einen haben will.
Das macht etwas mit dir.

Es lässt diese Stimmen immer lauter werden,
die dir einreden,
nicht gut genug zu sein,
falsch zu sein,
mangelhaft,
ein Freak.
Eine Enttäuschung.
Eine Versagerin.
Sie werden lauter und lauter
und irgendwann ist nichts mehr genug.

Es ist nichts falsch daran,
im Alltag angepasst zu sein,
aber in Maßen.
Wenn du dich zu sehr darauf fixierst,
sämtlichen Erwartungen zu entsprechen,
zerbrichst du irgendwann daran.

Ich weiß, es ist nicht leicht, anders zu sein.
Es ist alles andere als einfach,
nicht der Norm zu entsprechen.
Wir alle müssen lernen,
mehr zu uns selbst zu stehen.

Der Welt mehr von uns zu zeigen
und sie hoffentlich irgendwann
zu einem besseren Ort zu machen,
einem Ort, an dem es nicht mehr ganz so wichtig ist,
„normal" zu sein.
Und in der Öffentlichkeit eine Maske zu tragen,
um deine Andersartigkeit zu verstecken.
Ich hoffe darauf,
dass mich die Welt irgendwann so akzeptiert,
wie ich bin,
mit all meinen Eigenheiten,
und ich die Maske in den Müll werfen kann,
weil ich sie nicht mehr brauche,
um mich in der Welt zurechtzufinden.

Sleeping at Last – Saturn

TANZENDE *Worte*

Ich bin voller Worte,
sie tanzen in meinem Kopf,
fordern mich zum Spielen auf,
aber es sind so viele, dass ich nicht weiß,
wo ich anfangen soll.

Sie sind überall,
haben mich umzingelt
und verlangen meine ganze Aufmerksamkeit.
Sie wollen, dass ich mich in ihnen verliere
und sie auf Papier banne,
damit sie unsterblich werden.

Ich bin erfüllt von Gefühlen,
sie verstärken die Worte,
formen sie zu Sätzen
und überwältigen mich,
bis ich keine andere Wahl mehr habe,
als ihnen nachzugeben.

Und so schreibe ich
und schreibe
und schreibe,

wie im Rausch.
Lasse die tanzenden Worte von meinem Kopf
in meine Finger fließen,
verwandle sie in Gedichte,
immer auf der Jagd
nach ein bisschen Ruhe und Frieden.

Oft genug genieße ich ihre Gesellschaft,
aber manchmal wird es mir auch zu viel.
Da sind so viele Worte in mir
Und es werden einfach nicht weniger.
Ich habe schon so viele Gedichte geschrieben,
und trotzdem scheint der Strom niemals zu versiegen.
Ich bin dankbar dafür,
aber manchmal frage ich mich auch,
wo das einmal enden soll.

Wenn die Worte mich über Stunden
nicht in Ruhe lassen,
wenn sie immer weiter tanzen und drängen,
ein Gedicht nahtlos ins nächste übergeht,
dann fühle ich mich manchmal so überwältigt,
so ausgewrungen und leer,
dass ich mich frage, was von mir übrigbleiben wird,
wenn die Worte eines Tages alle aufgebraucht sind.
Oder werde ich mit ihnen gemeinsam verschwinden,
wenn es so weit ist?

Ich weiß es nicht,
ich weiß nur,
dass sie jetzt gerade noch immer fröhlich tanzen
und ich tippe
und schreibe
und noch kein Ende in Sicht ist.
Zum Glück.

GAITS – Other Side

Tage

Es gibt Tage,
an denen ist man verletzlicher als an anderen.
Man ist irgendwie dünnhäutiger.
Jedes Wort, das an einen gerichtet wird,
legt man auf die Goldwaage,
man sucht nach Untertönen
und wartet nur darauf, verletzt zu werden.
Kennst du das?
Oder bin nur ich so?

An diesen Tagen sitzt alles dicht unter der Oberfläche,
jede schmerzhafte Erinnerung,
jede alte Wunde,
alles macht sich bereit, sich auf mich zu stürzen,
sobald ein Stichwort kommt.

Das Licht ist zu hell,
die Menschen um mich herum zu laut,
es ist einfach alles zu viel
und dann kommt ein Kommentar,
der mir normalerweise nichts ausmachen würde,
und lässt das mühsam aufrecht erhaltene
Gerüst zusammenstürzen.

An diesen Tagen geht mir alles näher.
Ich schaffe es nicht, die Distanz aufrechtzuerhalten,
die mich normalerweise vor der Außenwelt schützt.
An allen anderen Tagen ist da diese unsichtbare Mauer,
die alle und alles von mir fernhält.
Sie sorgt dafür, dass ich den Alltag bewältigen kann
und ich nicht von all den Kleinigkeiten
überall um mich herum aufgefressen werde.
Dass sie mich nicht langsam aushöhlen
wie Termiten einen Baumstamm,
bis ich irgendwann in mich zusammenbreche.

Aber an diesen Tagen ist es,
als wäre die Mauer nicht da.
Als wäre sie nicht mehr aus durchsichtigem Stein,
sondern so zerbrechlich wie Seifenblasen.
Ein Stupser und sie zerplatzt
und lässt mich ungeschützt zurück.

Ich hasse diese Tage,
an denen ich so empfindlich bin.
Ich hasse es,
dass ich die Kontrolle über meine Reaktionen verliere,
dass mich Dinge verletzen,
die ich sonst an mir abprallen lasse.
Ich hasse es, mich schwach zu fühlen,
verletzlich,
roh.

Hast du auch solche Tage,

oder liegt es nur an mir?

Bin ich die Einzige, die sich so fühlt?

Die gelernt hat, diese Tage zu fürchten?

Die es hasst, schwach zu sein,

die nicht mehr weiß, wie man mit Schwäche umgeht

und bei der das in Panik umschlägt?

Bin nur ich so?

Oder geht es dir an manchen Tagen ebenso wie mir?

SYML – Where's my love

KRIEG *und Frieden*

Tausende von Jahren
leben wir Menschen schon auf dieser Welt
und scheinen es doch nie lange
ohne Krieg auszuhalten.
Wie kann das sein?
Was stimmt nicht mit uns,
dass wir nicht einfach alle
in Frieden zusammenleben können?

Wie kann es sein,
dass wir noch immer einzelne
über Krieg und Frieden entscheiden lassen?
Früher waren es Könige,
heute Diktatoren
und Präsidenten.
Warum lassen wir uns von ihnen
in Konflikte verstricken,
die nur ihnen selbst etwas nutzen
und sonst keinem?

Wann lernen wir endlich,
für uns selbst einzustehen,
anstatt diesen Männern

wie Lemminge hinterher zu rennen?
Wann lernen wir,
unsere Konflikte friedlich zu lösen?
Wann lernen wir,
mit dem zufrieden und glücklich zu sein,
das wir haben?
Warum muss es immer noch mehr sein?
Mehr Geld,
mehr Land,
mehr Bodenschätze,
mehr Macht,
mehr Einfluss.
Wann wird es endlich genug sein?

Warum haben wir bis heute nicht
aus all den vergangenen Kriegen gelernt?
Warum schaffen wir es nicht
endlich in Frieden zu leben?
Haben wir uns denn nicht weiterentwickelt
in tausenden von Jahren?
Warum lassen wir uns nach wie vor manipulieren?
Warum lassen wir zu,
dass einzelne ihre Ziele mit Gewalt erreichen?
Wann werden es endlich genug Tote sein,
damit wir anfangen, umzudenken?
Wie viele müssen noch ihr Leben lassen,
damit es in unseren Köpfen Klick macht?

Damit wir einsehen,
dass Krieg und Gewalt keine Lösungen sind?
Dass sie es einfach nur noch schlimmer machen,
jedes einzelne Mal?

Die Millionen der letzten Weltkriege waren nicht genug.
Wie viele müssen es dieses Mal sein?
Oder werden es niemals genug sein?

ERWARTUNGEN

Unser Leben ist geprägt von Erwartungen.
Wir sollen sie nicht zu hoch ansetzen
oder zu niedrig,
nicht zu weit
oder zu eng fassen.
Sie sollen realistisch sein,
aber trotzdem optimistisch.
Aber unsere Erwartungen sind auch ein Fluch.

George Berhard Shaw hat einmal geschrieben:
"There are two tragedies in life.
One is to lose your heart's desire.
The other is to gain it."
„Es gibt zwei Tragödien im Leben.
Eine ist, das zu verlieren, was das Herz begehrt.
Die andere ist, es zu erringen."

Ich denke das kann man genauso
auch auf Erwartungen anwenden.
Es tut weh,
wenn deine Erwartungen enttäuscht werden,
aber es kann genauso weh tun,
wenn sie erfüllt werden.

Es kommt ganz darauf an, was du erwartest.
Wenn du darauf hoffst,
damit rechnest,
einen bestimmten Job zu bekommen
und dann abgelehnt wirst,
tut das weh.
Du bist enttäuscht und zweifelst an dir selbst,
deiner Leistung,
deinem Wert.
Wenn du aber erwartest,
dass dich die Menschen in deinem Leben
irgendwann verletzen,
und das geschieht, dann tut es genauso weh,
oder vielleicht sogar mehr,
dass deine Erwartungen erfüllt wurden.

Andererseits spielt es aber auch eine Rolle,
wie du an Dinge herangehst.
Was für eine Grundeinstellung,
für eine Erwartungshaltung du hast.
Wenn du immer nur das Schlechteste erwartest,
oder dass etwas Negatives passiert,
sabotierst du dich oft genug damit selbst.
Genauso wie du mit zu idealistischen Erwartungen
die Latte viel zu hoch hängst.

Wenn du dir nur vornimmst,
das Bewerbungsgespräch zu schaffen,

anstatt direkt den Job zu bekommen,
nimmt das vielleicht etwas von dem Druck weg,
den du dir selbst machst.
Genauso wie du ruhig vorsichtig
mit deinen Gefühlen umgehen kannst,
dein Vertrauen nur langsam verschenkst,
aber grundsätzlich jedem zu misstrauen,
macht irgendwann genauso unglücklich und einsam,
wie von jedem verletzt zu werden.

Was erwartest du von einer Beziehung?
Ich meine damit nicht, was du dir wünschst,
sondern was erwartest du ganz konkret?
Wie denkst du, wird die Beziehung aussehen,
was wird passieren?
Erwartest du bereits bei dem Gedanken
an eine Beziehung etwas Negatives?
Und wenn ja, warum ist das so?
Und beantworte mir eine letzte Frage:
Denkst du, du gibst dir
und deinem Partner
damit eine faire Chance?

Unser Leben besteht aus Erwartungen.
Wir richten sie an jeden einzelnen Tag,
er soll erfolgreich sein,
es soll etwas Bestimmtes passieren
oder nicht passieren,

aber es gibt immer irgendetwas,
das wir erwarten.
Da ist auch nichts Falsches daran,
aber wir müssen lernen,
ein gesundes Mittelmaß zu finden,
im Umgang mit unseren Erwartungen.

Wir dürfen sie nicht unerreichbar hoch ansetzen,
sonst können sie nur enttäuscht werden,
was uns wiederum demotiviert
oder sogar an uns selbst zweifeln lässt.
Wir dürfen aber auch nicht
immer automatisch unser Scheitern erwarten,
denn warum sollten wir uns bemühen
etwas zu erreichen,
wenn wir sowieso davon ausgehen,
es niemals zu schaffen?

Erwartungen sind überall.
Sie sind motivierend,
beflügelnd,
oder deprimierend
und vernichtend.
Finde dein Mittelmaß in jedem Bereich
und dein Leben wird einfacher werden.

Vertrau mir bitte,
denn, obwohl ich oft genug selbst noch Fehler mache,

geht es mir besser,
seit ich meine Erwartungen überdenke
und versuche,
sie in einem gesunden Mittelmaß zu halten.

Bist du bereit, es zu versuchen?

Josh Canova – The Wish

WEIßT DU, *wer du bist?*

Weißt du, wer du bist?
Wer du tief in deinem Inneren wirklich bist?
Kennst du dein Wesen,
deine Wünsche,
Träume,
Vorlieben
und Abneigungen?
Oder glaubst du nur, sie zu kennen?

In Wahrheit ist es doch so,
dass die meisten von uns
sich selbst nur im begrenzten Rahmen
der gemachten Erfahrungen kennen.
Wir wissen,
wenn wir Glück haben,
wer wir in unserem uns bekannten Umfeld sind.
Aber wer wir wirklich sind,
wissen nur die wenigsten von uns.

Um es wirklich zu wissen,
brauchen wir Erfahrungen.
Wir brauchen Menschen,
die uns herausfordern,

die ausgetretenen Pfade zu verlassen.
Du kannst nicht wissen,
ob du Meeresfrüchte oder Algen magst,
wenn du sie noch nie gegessen hast.
Du kannst nicht wissen,
ob dir HipHop oder Country Musik gefallen,
solange du noch nie ein Lied
in der Richtung gehört hast.
Du musst es ausprobieren,
um sicher zu sein,
um dich selbst zu kennen,
wahrhaft zu kennen.

Wir Menschen haben die außergewöhnliche Gabe,
über uns hinauszuwachsen.
Uns selbst zu überraschen.
In besonderen Situationen
können wir Unglaubliches leisten,
wir sind zu großer Güte
und großer Grausamkeit fähig.
Wir können mehr aushalten,
als wir es je für möglich gehalten hätten,
weil wir es zuvor nie mussten.

Weißt du, wer du bist?
Wer du tief in deinem Inneren wirklich bist?
Ich weiß es nicht in allen Bereichen,
aber in denen, auf die es für mich ankommt,

weiß ich, wer ich bin.
Ich bin die, die am Abgrund stand
und sich zurückgekämpft hat.
Ich bin die, die eine Liste geschrieben
und sie dann weggeworfen hat.
Ich bin die, die nicht den leichten Weg gewählt hat,
sondern sich durchgebissen hat.
Ich bin die, die entgegen der eigenen Erwartungen
heute meistens glücklich ist.
Ich bin die, die mehr überlebt hat,
als sie sich jemals zugetraut hätte.

Ich bin stärker, als ich gedacht hätte.
Ich bin nicht zerbrochen.
Ich bin noch da.
Ich bin durch meine persönliche Hölle gegangen
und habe den Weg hinaus gefunden.
Ich bin nicht ohne Narben davongekommen,
aber ich habe es geschafft.
Ich weiß, wie viel ich überstehen kann.
Ich weiß, dass ich nicht zerbrechen werde.
Ich weiß vielleicht nicht, ob ich Sushi mag,
aber ich weiß, wer ich bin,
wenn ich im Auge des Sturms stehe.
Ich bin die, die überlebt.

Lewis Capaldi – Forever

Aber wer wir wirklich sind, wissen nur die wenigsten von uns

Buecherwurmlettering

AKZEPTANZ

Ich weiß, du verstehst mich nicht.
Ich weiß, ich bin anders.
Ich weiß, die ganze Welt tut sich schwer damit,
mich einzuordnen.
Und weißt du, warum das so ist?
Weil ich nicht in die üblichen Schubladen passe.
Ich bin eine Mischung aus so Vielem,
Gutem und Schlechtem,
wahrscheinlich wird mich nie jemand
wirklich verstehen,
aber das habe ich schon vor langer Zeit akzeptiert.

Ich habe akzeptiert,
dass ich nie so sein werde wie alle anderen,
wie die stille Mehrheit.
Ich habe akzeptiert,
dass mein Gehirn einfach anders funktioniert.
Dass ich mit Reizüberflutungen
und überscharfer Wahrnehmung leben muss,
damit, dass ich mein Gehirn
immerzu beschäftigen muss,
oder es beschäftigt sich selbst.

Ich habe akzeptiert,
dass andere das nicht verstehen können,
weil sie nicht wissen, wie das ist.
Für sie bin ich bestenfalls „merkwürdig",
schlimmstenfalls „verrückt".

Ich habe aufgehört,
zu versuchen, anders zu sein.
Ich habe akzeptiert,
dass es nicht funktioniert.
Ich bin wie ich bin
und diese Dinge gehören zu mir dazu,
ich kann sie nicht verändern,
ich kann sie nicht abgelegen
oder mir abgewöhnen.
Sie sind ein Teil von mir.

Ich habe akzeptiert,
dass die befremdeten Blicke
zu meinem Leben dazugehören,
ebenso wie das Kopfschütteln.
Ich habe akzeptiert,
dass ich Menschenmengen
nicht ohne Kopfhörer ertragen kann.
Ich habe akzeptiert,
dass ich nicht verhindern kann,
berührt zu werden.

Ich habe akzeptiert,
dass die Welt für mich einfach anders aussieht
als für andere.
Und ich habe verstanden,
dass das nicht immer etwas Schlechtes sein muss.

Ja, ich habe Einschränkungen dadurch,
dass ich anders bin.
Aber dafür nehme ich auch mehr wahr als andere.
Ich spüre mehr,
sehe mehr,
rieche mehr,
fühle mehr.
Musik begleitet mich bei jedem Schritt,
ob ich nun eine Playlist höre oder nicht.
Worte tanzen durch meinen Kopf,
malen Bilder und schaffen es,
andere sehen und fühlen zu lassen,
was ich empfinde.

Ich habe akzeptiert,
dass alles immer zwei Seiten hat.
Ich habe akzeptiert,
dass es nichts bringt,
manche Dinge zu hinterfragen.
Ich habe akzeptiert,
dass ich ich bin.

Ich habe akzeptiert,
dass ich nicht wie andere sein muss,
um mit mir im Reinen zu sein.
Ich habe akzeptiert,
dass ich glücklich sein darf,
so wie ich bin.
Ich habe gelernt, mich zu akzeptieren,
mit allem, was dazugehört.
Wann wirst du dich dazu entscheiden,
dich so zu akzeptieren,
wie du bist?

Metric – Gold Guns Girls (Acoustic)

Dankbarkeit

Manchmal ist es schwer, dankbar zu sein.
Gut, seien wir ehrlich,
wir nehmen uns viel zu selten einen Augenblick Zeit,
um aufrichtige Dankbarkeit zu fühlen,
für alles, was in unserem Leben gut ist.
Für all die Menschen,
die uns mit kleinen oder großen Taten unterstützen
und alles ein kleines bisschen besser machen.

Ich glaube, wir verlieren einfach zu leicht den Fokus.
Negatives, das, was eben nicht funktioniert,
was uns wütend oder traurig macht
oder uns gar verzweifeln lässt,
das alles ist präsenter in unseren Köpfen
als das, was gut läuft.

Vielleicht liegt das daran,
dass wir die negativen Dinge als Probleme ansehen,
die wir lösen müssen.
Wir haben noch keine Lösung gefunden,
also ist es ganz normal,
dass wir immer wieder darüber nachdenken, oder?
Was meinst du?

Oder liegt es daran,
dass wir Menschen einfach zu viele Dinge
selbstverständlich nehmen?
Denkst du, wir haben es schlicht verlernt,
dankbar zu sein?

„Danke" – das ist schnell dahingesagt,
aber wie oft bedanken wir uns aufrichtig für etwas?
Wie oft nehmen wir uns die Zeit,
um jemandem wirklich zu danken?
Nicht bloß ein Wort im Vorbeigehen,
sondern ein wirklicher, richtiger, aufrichtiger Dank?

Ich weiß, ich tue es viel zu selten.
Ich nehme es mir immer wieder vor,
aber viel zu häufig
vergesse ich es im Alltag dann doch wieder.
Dabei ist es so wichtig.

Es ist so essentiell wichtig,
dass andere sich wertgeschätzt fühlen.
Dass sie spüren,
dass wir sie und das, was sie für uns tun,
nicht als selbstverständlich erachten.
Dass wir ihre Taten für uns
nicht voraussetzen oder verlangen,
sondern sie aufrichtig zu schätzen wissen.

Dass wir sie und das, was sie geben
oder gar opfern,
sehen.

Ich will mich bessern.
Ich will öfter dankbar sein,
nicht nur für die Dinge,
die in meinem Leben gut laufen,
sondern auch für die Menschen, die dabei helfen.
Die Menschen, die etwas für mich tun,
oder einfach da sind, wenn ich sie brauche.
Ich bin dankbar,
und in Zukunft werde ich das
auch deutlicher zum Ausdruck bringen.
Was ist mit dir?
Willst auch du von jetzt an häufiger
deine Dankbarkeit zeigen?

Michael Patrick Kelly - Thank you

ICH BIN *hier*

Ich bin hier.
Ich bin hier, so wie ich immer hier war
und immer hier sein werde.
Ich bin Teil deines Lebens
und stehe doch an der Seitenlinie,
immer bereit, zu dir zu laufen
und dich tröstend in die Arme zu nehmen,
wenn du jemanden brauchst, der dich auffängt.

Ich bin in deinem Leben
und doch auch wieder nicht.
Ich bin die, auf die du dich immer verlassen kannst.
Ich schaue zu, wie du dich verliebst,
trennst,
versöhnst,
endgültig trennst
und wieder neu verliebst.
Aber niemals in mich.

Ich bin immer da,
die einzige Konstante in deinem Leben.
Ich bin da,
wenn du jemanden zum Reden brauchst,

um deine Tränen zu trocknen
und dich zu halten,
wenn dir alles zu viel wird.
Ich bin da, aber du siehst mich nicht.
Nicht wirklich.

Ich bin deine beste Freundin,
die, mit der du über alles sprechen kannst,
die immer auf deiner Seite ist
und dir manchmal den Kopf zurechtrückt,
wenn du dich verrennst.
Aber mehr war ich nie für dich
Und werde ich auch nie sein.

Ich habe das schon lange akzeptiert.
Ich habe meinen Frieden damit gemacht.
Dir gehört mein Herz,
aber deins wird immer einer anderen gehören.
Du willst dich nicht festlegen.
Du willst dich nicht anketten lassen.
Du willst frei sein und dein Leben genießen.
Aber ich frage mich,
ob sich das nicht doch irgendwann ändern wird.

Was, wenn du die Eine triffst,
für die du gern dein wildes Leben aufgibst?
Was wird dann aus mir,
aus uns?

Werde ich noch einen Platz in deinem Leben haben,
oder wird sie all das für dich sein,
was ich jetzt bin
und mehr?
Wird sie sehen, was ich für dich empfinde?
Wird sie mich davonjagen,
um dich nur für sich zu haben?

Du nimmst meine Gefühle nicht ernst,
das hast du nie.
Ich habe es dir gesagt,
ein Mal.
Aber du hast gesagt,
ich kann dich gar nicht lieben,
nicht wirklich.
Du glaubst,
ich sehe dich nicht,
nicht der, der du tief in dir drin bist.
Du denkst,
ich habe mich in eine Vorstellung von dir verliebt.
Aber ich weiß, was ich fühle.
Ich weiß, dass das, was ich für dich empfinde
nicht jeden Tag passiert.
Ich weiß, dass es für mich nur dich gibt,
ob du mich nun willst oder nicht.

Ich mache mir keine Hoffnungen,
ich weiß, woran ich bei dir bin.

Aber ich nehme, was ich kriegen kann.
Ein bisschen in deiner Nähe zu sein ist besser,
als gar nicht.
Ich weiß, wenn ich klüger wäre,
würde ich mich von dir lösen.
Ich würde diese ungesunde,
enttäuschende,
einseitige Liebe aufgeben
und Zuneigung woanders suchen,
bei jemandem, dem ich auch etwas bedeute,
auf diese Art.
Aber das kann ich nicht.

Ich bin nicht bereit, dich zu verlassen.
Ich weiß nicht, ob ich es jemals sein werde,
oder ob ich eine dieser tragischen Charaktere werde,
die einsam und allein sterben,
weil die eine Person,
die die Welt für sie bedeutet hat,
nicht das Gleiche für sie empfand.
Ich will mich nicht im Selbstmitleid suhlen,
es könnte schlimmer sein.
Aber manchmal wünschte ich mir auch,
es wäre besser.

Ich frage mich, wie wir wohl zusammen wären.
Wie es wäre, wenn wir das Gleiche empfänden.
Wie unser Leben wäre,

unsere Zukunft.
Aber ich versuche mir diese Gedanken zu verbieten,
weil dieses „Was wäre, wenn ...“
alles nur noch schlimmer macht.

Und so stehe ich weiter an der Seitenlinie,
feuere dich an,
halte dir die Daumen,
dass du dein Glück finden mögest,
und bete dafür,
dass ich irgendwann die Kraft finden werde,
dich hinter mir zu lassen
und meine eigene Geschichte zu schreiben.

Sleeping at Last – All through the Night
Sunday Girl – Where is my mind

TRIGGER

Trigger lauern überall.
Manchmal sind es Gerüche
oder Geräusche,
Worte
oder etwas ganz anderes.
Ihnen gemein ist, wie wir auf sie reagieren.
Sie katapultieren uns
mitten in unsere Albträume hinein,
werfen uns unseren Dämonen zum Fraß vor,
während die Welt um uns herum nicht versteht,
warum wir uns plötzlich so seltsam verhalten.

Woher auch?
Wer nicht selbst die Macht der Trigger gespürt hat,
kann nicht verstehen, wie sie auf einen wirken.
Wie sie die Grenzen der Realität
verschwinden lassen können
und uns ins weite Meer werfen,
ohne Rettungsring,
ohne Schwimmweste
und ohne genügend Kraft,
um das rettende Ufer zu erreichen.
Und alle anderen sehen bloß zu,
starren

und fragen sich,
warum wir überhaupt dort draußen sind.

Trigger können aber auch Stellvertreter sein,
wenn wir in einem Fremden
eine Person wiederzuerkennen glauben,
obwohl wir eigentlich wissen,
dass sie es nicht sein kann.
Für einen Augenblick verändern sich ihre Züge
und die sind es wirklich.
Unser Gehirn spielt uns einen grausamen Streich,
geboren aus Adrenalin und Angst.

Jeder hat andere Trigger,
so wie jeder andere Dinge erlebt habt,
die durch sie wieder lebendig werden.
Es ist nicht leicht, mit ihnen zu leben,
aber andererseits sind sie auch ein Beweis dafür,
was wir überlebt haben.
Es ist ungerecht,
dass wir den Kampf immer wieder
und wieder aufnehmen müssen,
dass es nicht einfach vorbei sein kann.
Aber andererseits:
Wir haben es einmal überlebt,
und schlimmer als das Original
können die durch die Trigger ausgelösten Momente
gar nicht sein.

Ich habe gelernt, mit meinen Triggern zu leben.
Ich habe gelernt, wie ich mit ihnen umgehen muss
und wie ich da wieder herauskomme.
Es ist nicht leicht,
aber es hilft, mir immer wieder klarzumachen,
dass diese Trigger im Prinzip nur Echos auslösen.
Ja, mein Gehirn gaukelt mir vor, wieder dort zu sein,
aber ich weiß es besser.
Ich muss mir das nur bewusst machen.
Ich musste lernen, aus der Spirale auszubrechen,
und das habe ich auch.
Es ist jedes Mal wieder ein Kampf,
aber einer, den ich nicht zu verlieren gedenke.

Ich lasse ihn nicht gewinnen
und die Trigger erst recht nicht.

Milk & Bone - Tmrw.

Gefühle

Glaubst du, ich tue dir gern weh?
Denkst du, ich bin gern für diesen Ausdruck
in deinen Augen verantwortlich?
Bist du wirklich der Meinung,
es berührt mich nicht,
wenn ich deine Tränen sehe?

Du liegst falsch.
Es tut mir weh, dich so zu sehen.
Es zerreißt mich, zu wissen,
dass ich dir das angetan habe.
Aber was soll ich anders machen?
Gefühle lassen sich nicht erzwingen,
egal wie sehr ich das auch versucht habe.

Ich habe es versucht, glaub mir, das habe ich.
Jedes Mal,
wenn du mich bittend angeschaut hast,
jedes Mal,
wenn du mir deine Liebe gestanden hast,
jedes Mal,
wenn du mich mit deinen Augen angefleht hast,
dich ebenso zu lieben.

Ich habe es versucht.
Ich habe versucht, mein Herz dazu zu zwingen,
etwas anderes als Freundschaft für dich zu empfinden.
Ich habe versucht, meinen Verstand zu überreden,
zu erkennen, wie gut wir zusammen wären.
Aber nichts davon hat etwas gebracht.
Du bist und bleibst ein Mann, den ich liebe,
aber nicht so, wie du mich liebst.
Für mich bist du mein bester Freund
und leider nicht mehr.

Es tut weh, zu sehen, wie sehr dich das verletzt.
Wie sehr du darunter leidest,
dass ich deine Gefühle nicht erwidern kann.
Ich sehe die Vorwürfe in deinen Augen
und ich kann spüren,
wie deine Liebe immer mehr in Zorn umschwenkt,
bis du mich eines Tages hassen wirst.

Ein Teil von mir denkt, ich habe das verdient,
weil ich dir das Herz breche,
aber der Rest von mir weiß,
dass es nicht meine Schuld ist.
Niemand von uns ist schuld.

Ich hoffe, du wirst irgendwann erkennen,
dass ich dir nicht absichtlich wehtue.
Dass ich mich nicht zwingen kann,

dich zu lieben,
genauso wenig wie du dich zwingen kannst,
mich nicht mehr zu lieben.
Gefühle funktionieren so einfach nicht.
Ich weiß, unsere Freundschaft ist nicht mehr zu retten
und das schmerzt unbeschreiblich,
aber ich hoffe, dass du irgendwann,
vielleicht schon bald,
eine Frau finden wirst,
die dich so liebt,
wie du es verdienst.
Ich hoffe, du wirst glücklich,
und vielleicht bist du dann auch so weit,
mir dasselbe zu wünschen.

London Grammar – Nightcall

KRIEG

Es ist faszinierend
und erschreckend zugleich,
wie schnell sich alles ändern kann.
Gestern noch war alles wie immer
und heute sind wir in einer anderen Welt aufgewacht.

Wie kann so etwas sein?
Wie können die paar Stunden,
in denen wir geschlafen haben,
so einen großen Unterschied machen?
Wie kann sich buchstäblich über Nacht
die Welt in eine andre verwandeln?

Vielleicht waren wir naiv.
Vielleicht war es dumm zu erwarten,
dass alles für immer so bleiben,
und dass der Schrecken unserer Groß- und Urgroßeltern
uns dauerhaft verschonen würde.

Es scheint keine Generation zu geben,
die wirklich ohne diese Bedrohung aufwachsen darf,
unberührt vom Leid des Kampfes,
von Tod und Grausamkeit,
einfach weil irgendjemand in einem Büro,

mehr oder weniger weit von uns entfernt,
beschlossen hat, dass es so sein wird.

Wir sind einfach wie jeden Abend ins Bett gegangen,
beunruhigt,
vielleicht auch etwas ängstlich,
aber trotzdem in der Erwartung,
morgen alles ganz genauso wieder vorzufinden,
wie wir es zurückgelassen haben.

Das war uns nicht vergönnt.
Eine Nacht hat die Welt verändert,
nicht nur unsere Welt,
sondern die Welt als Ganzes.
Ein Mann hat eine Entscheidung getroffen
und jetzt ist nichts mehr, wie es vorher war.

Dieser Mann hat unsere vorher so friedliche Welt
in Brand gesteckt.
Unsere naive Blase zum Platzen gebracht
und uns unvorbereitet mit etwas konfrontiert,
das wir nur aus Geschichtsbüchern
und den Erinnerungen älterer Menschen kannten:
Krieg.

Unsere Welt steht in Flammen,
unsere unwissende Naivität ist verbrannt
und wir wurden gezwungen,

einer Realität ins Auge zu blicken,
die keiner von uns jemals erblicken wollte.

Dieses Mal ist es anders als sonst.
Dieses Mal ist es nicht bloß eine Schlagzeile,
ein weit entferntes Land,
Kontinente weit entfernt.
Dieses Mal ist es nur zwei Länder weit weg.
Dieses Mal ist der Krieg zum Greifen nah.
Dieses Mal können wir nicht so tun,
als gäbe es ihn nicht.

Und ich denke, jetzt verstehen wir
die Generation unserer Großeltern besser,
und warum sie ihr Leben lang gesagt haben:
„Alles, bloß kein neuer Krieg mehr."
Denn jetzt ist er da.
Und wir müssen sehen, wie wir damit klarkommen.
Weil ein Mann nicht aus der Vergangenheit gelernt
und einen Befehl gegeben hat.
Weil ein Mann die Welt in Brand gesteckt hat.
Ich hoffe nur, dass wir es dieses Mal schaffen,
daraus zu lernen.

Julien Baker – Claws in your back

LASS SIE NIEMALS *deine Tränen sehen*

„Lass sie niemals deine Tränen sehen!"
Nach diesem Grundsatz habe ich Jahrelang gelebt.
„Lass sie niemals sehen,
dass sie dich verletzt haben."
„Lass sie niemals sehen,
dass ihre Worte dich getroffen haben."
Ich ließ es sie nicht sehen.
Niemals.

Egal, wie weh es getan hat.
Egal, wie sehr sie mich getroffen haben.
Ich habe so getan, als wäre es nicht so.
Ich habe so getan,
als wären all ihre Versuche gescheitert.
Ich habe nicht verstanden,
dass ich es damit für mich
nur noch schlimmer gemacht habe.

Indem ich all meine Gefühle von mir geschoben
und verleugnet habe,
habe ich ihnen zwar die Genugtuung genommen,
mich zusammenbrechen zu sehen,

aber ich habe mir selbst eingeredet,
schwach zu sein,
weil sie mich eben doch verletzt,
mich eben doch zum Weinen gebracht haben,
selbst dann, wenn es niemand sah.
Ich habe diesen Druck auf mich ausgeübt
und wäre beinahe daran zerbrochen.

Ich habe von mir verlangt, immer stark zu sein
und ihretwegen verletzt zu sein, war eine Schwäche,
für dich ich mich selbst verachtet habe.
Ich dachte,
ich müsste mich so weit kontrollieren können,
dass ich unempfindlich gegenüber all dem würde.
Aber so funktioniert das nicht.
Man kann seine Gefühle
nur bis zu einem bestimmten Punkt kontrollieren.
Und wenn man es sich noch so oft einredet,
man hört jedes Wort,
und es tut weh.
Jedes Mal.

Das hat nichts mit Schwachsein zu tun.
Es ist normal.
Es ist menschlich.
Und sich selbst diese Emotionen zu verbieten,
kann einfach nicht gut ausgehen.
Ich bin das beste Beispiel dafür.

Ich habe mich selbst mit diesen Erwartungen
nur noch mehr unter Druck gesetzt,
alles noch schlimmer gemacht,
denn zu den Verletzungen durch andere
kam noch der Selbsthass dazu.
Gemeinsam haben sie mich zu Boden geschickt
und beinahe
hätte ich es nicht geschafft, wieder aufzustehen.

Ich habe meine Lektion gelernt.
Und du?

Harry Styles – Falling

LÖCHER

Ich bin ein Wrack,
das weiß ich.
Ich bin ein Boot mit zahllosen Löchern.
So viele Jahre habe ich verzweifelt versucht,
sie zu stopfen,
aber kaum waren sie verschlossen,
traten neue an ihre Stelle.

Wie viele Löcher kann ein Boot haben,
bevor es letztlich untergeht?
Ich bin mir ziemlich sicher,
würde ich zu Wasser gelassen,
liefe ich in Rekordzeit voll.
Ich läge bald schon auf dem Grund des Sees,
für immer verloren.

Aber heißt das,
dass es keine Rettung für mich gibt?
Dass ich für immer kaputt sein muss?
Nein, es heißt nur,
dass ich noch nicht das richtige Material gefunden habe,
um die Löcher dauerhaft zu verschließen.

Sobald mir das aber gelingt,
sobald ich die Löcher gestopft habe,
kann ich wieder das tun,
wozu ich bestimmt bin.
Ich kann wieder ein Boot sein,
über das Wasser fliegen
und ich selbst sein,
ohne Angst,
ohne Zweifel
und ohne mit Wasser vollzulaufen.

Es ist okay,
nicht okay zu sein.
Es ist okay,
manchmal keinen Ausweg mehr zu sehen.
Es ist okay,
verzweifeln zu wollen.
Es ist okay,
dem Selbstmitleid auch einmal nachzugeben.
Es ist okay.
Es ist okay,
nicht perfekt zu sein.
Es ist okay,
löchrig zu sein.
Es ist okay,
sich Zeit zu lassen.

Du musst dich nicht zusammenreißen,
wenn es dich innerlich zerreißt.
Du musst nicht so tun,
als wäre alles in Ordnung,
wenn es das eindeutig nicht ist.
Es ist okay,
dazu zu stehen,
wenn es dir beschissen geht.
Es ist okay,
auch mal nicht leistungsfähig zu sein.
Es ist okay,
solange du dich selbst nicht aufgibst.
Es ist okay,
solange du weiterhin nach einem Ausweg suchst,
auch wenn du ihn nicht sofort findest.
Es ist okay.

Philipp Poisel – Wie soll ein Mensch das ertragen

WAS ICH BIN *und was ich nicht bin*

Ich weiß, es ist alles andere als leicht mit mir.
Ich weiß, meine zahlreichen Marotten
und Ängste machen es anderen nicht leicht.
Ich bin nicht absichtlich so.
Ich bin das Ergebnis meiner Erlebnisse,
meiner Vergangenheit,
meiner Albträume.

Ich bin nicht absichtlich schwierig.
Ich wäre es lieber nicht, glaube mir.
Ich habe schon alles Mögliche probiert,
aber nichts hat mich „normal" gemacht.
Ich habe gelernt,
mich damit zu arrangieren, „anders" zu sein.
Ich habe gelernt,
zu akzeptieren, dass ich eben so bin.

Was ich aber nicht akzeptieren kann,
ist, wenn man mir das Gefühl gibt,
eine Last zu sein.
Ich weiß, dass es nicht leicht mit mir ist.
Dass ich viele Dinge nicht machen kann,
die für andere „normal" sind und einfach dazugehören.

Aber ich mache auch kein Geheimnis daraus.
Ich gehe offen damit um.
Ich stehe zu der, die ich bin.
Ich stehe zu meinen Ängsten.
Also warum tust du jetzt so,
als wäre das alles neu für dich?

Ich weiß schon:
Weil es dir jetzt in die Hände spielt.
Als es noch um uns ging,
dich und mich,
und niemand anderen sonst,
war es leicht.
Niemand, der über dich urteilt,
weil du mich gewählt hast.
Niemand, der meckert oder Erwartungen an dich stellt,
denen du mit mir an deiner Seite
nicht nachkommen kannst,
weil ich es nicht kann.
Aber jetzt ist da dieser Jemand.
Jetzt sind da diese Jemande.

Du hast neue Freunde gefunden
und willst ihnen gefallen.
Du willst, dass sie dich toll
und cool
und keine Ahnung was alles finden.

Du willst von ihnen bewundert
und gelobt werden,
und daran ist ja auch nichts verkehrt,
das ist normal.
Jeder Mensch sehnt sich nach Anerkennung.
Das Problem ist nur,
dass du mich jetzt als eben solches empfindest:
ein Problem.

Du bist eines Morgens aufgewacht
und hast erkannt,
dass du nicht beides haben kannst,
und das hat dich wütend gemacht.
Du gibst mir die Schuld daran.
Es macht ja auch Sinn,
aus deinem Blickwinkel.
Ich bin die Spaßbremse.
Ich bin die, die einige Dinge nicht tun kann,
die deine neuen Freunde gern tun
und die du jetzt auch tun möchtest,
obwohl sie dir früher nie wichtig waren.
Nicht ich habe mich verändert,
sondern du.

Aber dir das einzugestehen geht nicht,
weil du dann einsehen müsstest,
dass es falsch ist, mich dafür zu hassen,
wie ich bin.

Es ist ungerecht
und überhaupt ist es so viel leichter,
wenn ich schuld bin.

Du bist nicht der Erste,
der plötzlich feststellt,
dass ein Leben an meiner Seite auf Dauer
einfach nicht das Richtige ist.
Und du bist auch nicht der Erste,
der die Schuld dafür bei mir sucht.
Du bist nicht der Erste,
der mich mit Vorwürfen überhäuft;
der nur noch ungeduldiges Stöhnen
und Augenverdrehen für mich übrig hat.
Du bist nicht der Erste,
der mir das Gefühl gibt,
eine Last zu sein.
Eine Fessel, die dich zurückhält
und davon abhält zu leben.

Aber verstehst du es nicht?
Ich habe dich nie zurückgehalten.
Ich habe dich nie gebeten,
oder gar gefordert,
dass du bei mir bleibst,
anstatt das zu tun, was du gern tun würdest.
Ich habe dir nie Fesseln angelegt,
dich niemals angekettet.

Das hast du selbst getan,
als du daraus ein Entweder Oder gemacht hast.
Du warst es, der diese Entscheidung getroffen hat,
nicht ich.
Du hast das Ultimatum gestellt
und du hast gewählt.

Ich weiß, ich bin alles andere als einfach
und ich weiß auch,
dass bei mir einiges im Argen liegt.
Aber ich bin keine Last.
Ich bin keine Fessel.
Ich habe dich nie davon abgehalten, zu gehen.
Und heute habe ich genug.

Du denkst, nur weil ich nicht alles tun kann,
was du tust,
was für dich selbstverständlich ist
und einfach zum Leben dazugehört,
bin ich schwach.
Aber ich bin nicht schwach.
Ein Leben, wie ich es lebe, ist nicht einfach.
Es ist schwer, trotz aller Ängste zu funktionieren.
Wege zu finden, die um manches drum rum führen,
anstatt mitten hindurch.
Aber das alles hat mich stark gemacht.

Ich bin stärker als du.
Während du mich als eine Last bezeichnest,
mich klammernd schimpfst,
habe ich deine Sachen gepackt.
Ich schenke dir die Freiheit,
nach der du dich so sehr sehnst
und die du dir allein nicht nehmen willst
oder kannst.
Ich hoffe, sie ist genauso, wie du sie dir vorstellst.
Denn auch ich
habe meine Entweder-Oder-Entscheidung getroffen.
Und sie ist ebenso wie deine
gegen uns ausgefallen.

Tom Walker – Leave a light on

EINHUNDERTTAUSEND *Facetten*

Du denkst, du kennst mich.
Du denkst, du weißt ganz genau,
wer ich bin.
Aber du liegst falsch.
Du hast keine Ahnung, wer ich bin.
Denn du hast dir nie die Mühe gemacht,
unter die Oberfläche zu schauen.

Du kennst nur diese eine Seite von mir.
Du hast immer nur die aufpolierte Version
von mir gesehen,
die angepasste,
die, die einfach und unkompliziert ist.
Das ist aber nur eine Facette von mir,
eine von so vielen.

In Wirklichkeit
bestehe ich aus einhunderttausend Facetten.
Jede steht für einen anderen Teil von mir,
aber sie gehören alle zu mir.
Sie brechen das Licht,
lenken oft durch dieses Glitzern von dem ab,
was sie wirklich ausmacht.

Ich bin mehr,
als du auf den ersten Blick zu sehen bekommst.

Einhunderttausend Facetten,
manche sind perfekt geschliffen und wunderschön,
andere nicht.
Aber trotzdem gehören sie zu mir.
Ich bin nicht perfekt, das weiß ich.
Ich habe gelernt, mit meinen Fehlern zu leben.
Ich bin kein lupenreiner, perfekt geschliffener Diamant,
aber ich bin auch kein Ausschuss.

Ich bin so vieles,
was du niemals erkennen wirst,
weil es dich im Grunde überhaupt nicht interessiert.
Du bist zufrieden mit der Oberfläche,
wirst niemals einen Blick in mein Inneres riskieren.
Ich kann damit leben,
denn irgendwann wird es jemanden geben,
der erkennt, wie besonders und einzigartig ich bin.
Ich, mit meinen einhunderttausend Facetten.

Lennon & Maisy Stella – Your best

Ich bin mehr

als du auf den

ersten Blick

zu sehen

bekommst

Buechernurmlettering

Frühjahr 2022

P lötzlich schrillen Sirenen
U nsere Welt ist in Flammen aufgegangen
T ausende sterben
I n diesem sinnlosen Krieg
N ichts wird jemals wieder sein, wie es einst war

M inute für Minute Tod und Schmerz
Ö fter als wir es wahrhaben wollen
R eden werden gehalten und sind doch sinnlos
D utzende verlieren jede Minute ihr Leben
E ltern, Kinder, Ehepartner, Großeltern
R aketen zerstören Ort um Ort

N ur weil ein Mann nicht genug bekommen kann
I mmer mehr will und mehr und mehr
E ndlos, wie es scheint

M illionen auf der Flucht
E hemänner bleiben zurück
H äuser werden zerstört, Zukunften zermalmt
R ussland führt Krieg und die Welt sieht zu

K ann es jemals wieder ein normales Leben geben?
R ückt das, was war, je in den Hintergrund?
I st unser Leben auf ewig geteilt in Damals und Heute?
E s scheint, niemand hat aus der Vergangenheit gelernt
G ibt es noch eine Zukunft oder flüchten morgen wir?

The Cranberries – Zombie

DER MUT *zur Veränderung*

Veränderung braucht Mut.
Es ist nicht leicht, die innere Stärke zu finden,
sich zu verändern.
Es ist so viel leichter, alles einfach laufen zu lassen,
im alten Trott zu verweilen
und nicht nach Links und Rechts zu schauen.

Dem Mut zur Veränderung geht die Erkenntnis voraus,
dass es etwas gibt, das man verändern sollte.
Auch das ist nicht leicht,
sich einzugestehen, dass einem etwas fehlt,
oder einen etwas stört,
oder es etwas gibt, dass einem nicht guttut.

Wir sind es nicht gewohnt, darauf zu reagieren.
Wir sind es gewohnt, irgendwie damit klarzukommen,
oder wenigstens so zu tun
Wir wurden so darauf gedrillt, nicht zu jammern,
nicht undankbar zu sein,
nicht mehr zu wollen.
Aber manchmal muss sich etwas verändern,
oder wir gehen daran kaputt.

Um sich zu verändern, muss man mutig sein,
aber auch überlegt.
Man muss genau erkennen, was es ist,
das verändert werden sollte.
Was ist es,
das dich unglücklich macht?
Was ist es,
das dich runterzieht?
Was ist es,
das dich an dir selbst zweifeln lässt?
Was ist es,
das dir ein ungutes Gefühl gibt?
Was ist es,
das dir die Tränen in die Augen steigen lässt?

Und selbst wenn du das herausgefunden hast,
brauchst du den Mut zu sagen:
„Es reicht!"
„Ich verdiene Besseres als das!"
„Ich habe ein Recht darauf,
zufrieden und glücklich zu sein!"
Und es braucht den Mut,
den ersten Schritt zu machen.
Die Dinge in Gang zu setzen,
von der Klippe zu springen.

Die Veränderung anzustoßen,
ist das Schwierigste dabei.

Es kostet große Überwindung,
denn einmal angestoßen,
kann man viele Veränderungen nicht mehr anhalten
oder rückgängig machen.

Also, was ist es, dass du brauchst?
Was muss sich für dich verändern,
damit du mit deinem Leben glücklich
und zufrieden bist?
Was fehlt dir?
Finde es heraus,
geh in dich
und wenn du es weißt,
trau dich, den ersten Schritt zu machen.
Finde den Mut in dir und tu es;
auf dass du in Zukunft das Leben lebst,
das du willst, brauchst und möchtest.

Lena – Mama (Sing meinen Song)

HÄTTE

Es hätte nicht so enden müssen.
Es hätte nicht zu einer Katastrophe führen müssen.
Ich hätte mehr auf das hören sollen,
was du sagst,
nicht auf das,
was ich hören wollte.
Ich war dumm.
Zu jung.
Ich war naiv
und blind für die Gefahr.

Ich habe die Augen verschlossen vor dem,
was direkt vor meinen Augen war.
Ich habe ignoriert,
was mich hätte warnen sollen.
Ich habe nicht gesehen,
wie sich der Ausdruck in deinen Augen verändert hat.
Ich habe den Zeitpunkt verpasst,
als sich das zwischen uns
zu etwas Bedrohlichem entwickelt hat.

Seit wann fühlt sich dein Arm um meine Taille
nicht mehr beruhigend,
sondern schmerzhaft an?

Wann ist dein Griff so fest geworden,
dass er blaue Flecken hinterlässt?
Wann hat sich deine Frage, wohin ich gehe,
von Besorgnis zu Kontrolle entwickelt?
Seit wann fühlt sich deine Eifersucht
nicht mehr nach Wertschätzung,
sondern bedrohlich an?

Ich habe es erst zu spät gemerkt.
Ich habe zu lange gebraucht,
um die Anzeichen richtig zu deuten.
Ich wollte es vielleicht auch gar nicht wahrhaben.
Wir sind geradewegs auf eine Katastrophe zugerast,
aber ich weiß bis heute nicht, was ich hätte tun können,
um sie zu verhindern.

Vielleicht war es so vorherbestimmt.
Vielleicht musste es so enden.
Wir müssen beide mit den Folgen leben.
Du, dort wo du jetzt bist,
und ich hier, allein mit meiner Angst,
meiner Angst vor dir
und davor,
dass du mich vielleicht eines Tages wiederfinden wirst.
Davor, dass es wieder eine Katastrophe geben wird,
aber dass ich mich dieses Mal
nicht mehr davon erholen werde.

Mark Foster – Irgendwas bleibt

ZEHN MILLIONEN *Schmetterlinge*

Ich weiß noch, wie es früher mit uns war.
Wie du mich von den Socken gehauen hast,
wie ein Wirbelwind in mein Leben tratst
und einfach alles auf den Kopf gestellt hast.

Zum ersten Mal fühlte ich mich gewollt
und begehrt.
Du gabst mir das Gefühl,
dein Ein und Alles zu sein.
Überall diese kleinen Gesten deiner Zuneigung,
die dafür sorgten,
dass immer mehr Schmetterlinge
in meinem Bauch herumflatterten.

Ich dachte, ich wäre angekommen.
Ich dachte, du seist der Eine,
der, den es sonst immer nur
in Romanen, Serien und Filmen gibt.
Der Mann, für den ich bestimmt war
und dessen Schicksal es war, mich zu lieben.
Kitschig, ich weiß.
Ich war jung und ich war dumm.

Die Schmetterlinge haben mich schwindelig gemacht.
Es waren eigentlich schon zu viele.
Zehn Millionen Schmetterlinge
flatterten ausgelassen durch meinen Bauch,
ließen mein Blut summen
und mich glauben,
das mit uns wäre für immer,
unerschütterlich,
episch.
Was man eben so denkt,
wenn man jung ist
und sich unbesiegbar fühlt.

Aber irgendwann wolltest du mehr,
als ich dir geben konnte.
Mehr Zeit,
mehr Aufmerksamkeit,
mehr Nähe,
mehr von mir.
Du wolltest mich nicht mehr teilen,
mit niemandem.
Du wolltest mich kontrollieren,
über mich bestimmen.
Du wolltest mich beherrschen,
mich besitzen.
Und so hast du mich mehr und mehr erdrückt.

Ich habe versucht, dagegen zu kämpfen.
Ich habe versucht, ein paar Teile von mir
für mich selbst zu behalten,
und dafür hast du mich bestraft.

Zehn Millionen Schmetterlinge
und du hast sie alle
einen nach dem anderen umgebracht.
Alle bis auf einen,
einen, den ich retten konnte.
Einen, den ich mit allem, was ich habe, beschütze,
weil er für ein Gefühl steht,
das ich niemals ganz verlieren will.

Er steht für Hoffnung,
die Hoffnung darauf,
dass ich eines Tages wieder so fühlen werde,
wie ich es damals tat,
als er noch nicht der einzige war.
Die Hoffnung darauf,
dass ich jemanden finden werde,
der mich nicht beherrschen,
sondern unterstützen will.
Jemand, der den Schmetterlingen Nahrung gibt,
anstatt sie einen nach dem anderen zu vergiften.

Eine Gemeinheit hier,
ein „Scherz" auf meine Kosten da.

Immer wieder
hast du mir durch deine Handlungen
das Gefühl gegeben,
unbedeutend und wertlos zu sein.
Ich habe nicht verstanden,
dass ich eben doch
einen gewissen Wert für dich haben musste,
sonst hättest du nicht alles getan,
um mich an dich zu ketten.

Ich konnte nicht verstehen,
wie du dich so verändern konntest.
Wie du mir erst die Welt zu Füßen legen
und mich dann brechen wollen konntest.
Erst war ich für dich das Kostbarste,
dann eine Belastung, die dankbar dafür sein sollte,
überhaupt gewollt zu werden.
Du hast mich manipuliert,
über Jahre.
Hast versucht,
mich auf deine Aufmerksamkeit zu konditionieren.
Und jedes Scheitern
hat dich nur umso verbissener daran arbeiten lassen.

Aber trotz allem
hast du es bis heute nicht geschafft.
Du hast mich verletzt,
mich gedemütigt,

mich zum Weinen gebracht,
aber gebrochen hast du mich nicht.
Ich bin noch da.
Ich bin noch ich.
Und der kleine Schmetterling in mir,
der ganz allein tapfer seine Runden dreht,
lebt auch noch.
Du hast uns beide nicht zerstören können.

Und so klammere ich mich an ihn
und das wofür er steht.
Weil ich weiß, dass ich irgendwann bereit sein werde
für mein neues Leben,
ein Leben, in dem ich wieder jemandem vertrauen,
wieder jemanden an mich heranlassen kann,
trotz allem, was mit dir war.
Denn egal, was du auch versucht hast,
halten konntest du mich nicht.
Ich habe meine Ketten gesprengt und bin frei.
Frei von dir.
Mein Schmetterling und ich.

Nelly Furtado – Try

GOLDENE *Jahre*

Manchmal macht es mich wütend,
wenn ich an meine Jugend denke.
Wenn ich andere sagen höre,
was sie *zu ihrer Zeit* alles getan und gesehen,
und was sie für Abenteuer erlebt haben.
Ich habe nichts getan und nichts gesehen.
Mein einziges Abenteuer war
der Kampf ums Überleben
in einer feindseligen Welt.

Während andere ausgingen,
tanzten,
sich mit Freunden trafen
oder in Urlaub fuhren,
blieb ich zu Hause,
damit beschäftigt,
meine Wunden so weit zu versorgen,
dass die Risse unauffällig waren
und niemand in mein Inneres sehen konnte.

Während sie all die Dinge taten,
die man als Teenager eben so tut,
Erfahrungen machten

und Erinnerungen schufen,
blieb ich für mich allein.
Ich übte vor dem Spiegel
meinen neutralen Gesichtsausdruck,
der jede neue Verletzung verbergen sollte.
Ich schrieb mir Konter in ein Notizbuch
und versuchte aus Fernsehserien zu lernen,
wie es ist, Freunde zu haben.
Ich redete mir ein,
dass es bestimmt bald besser würde.
In der Hoffnung,
dass es irgendwann der Wahrheit entspräche.

Also ja, eure Goldenen Jahre sind vorbei,
aber habt ihr je bedacht,
dass ihr mir die meinen gestohlen habt?
Ihr könnt wenigstens in den Erinnerungen schwelgen.
Wenn ich mich an diese Zeit erinnere,
ist da nur verdammt viel Schmerz.

Ich versuche nicht verbittert
oder wütend zu sein –
denn ändern kann ich nichts daran.
Ich könnte einige Erlebnisse nachholen,
aber es wäre nicht dasselbe.
Ich gebe mir große Mühe,
meinen Frieden damit zu machen.

Ich will mein Leben nicht mit Bedauern verbringen,
denn ich bin dankbar, am Leben zu sein.
Es ist nicht selbstverständlich,
sondern war eine Entscheidung,
getroffen in einer dunklen Nacht vor beinahe 10 Jahren.
Ich bin noch da.
Ich lebe.
Und allein dafür muss und will ich dankbar sein.

Kate Voegele – Wish you were (Acoustic)

VERSIONEN *von dir*

Da war immer diese Version von dir in meinem Kopf,
der, der du früher einmal warst.
Ich habe dich immer nur so gesehen,
eindimensional und starr,
eingefroren in der Zeit.
Mir war nicht klar,
dass auch du dich verändern würdest,
und heute ein ganz anderer bist
als der, den ich einst kannte.

Diese Version von dir,
die von früher,
die habe ich geliebt.
Es war die bedingungslose
und naive Liebe eines Teenagers,
aber das macht sie nicht weniger wahrhaftig
oder wertvoll.

Ich habe es dir nie gesagt.
Ich hielt es für zu riskant.
Ich wollte mich nicht so verletzlich machen.
Heute frage ich mich, was wohl aus uns geworden wäre,
wenn ich es getan hätte.

Wer wäre ich jetzt,
wenn ich damals den Mut gehabt hätte,
zu meinen Gefühlen zu stehen?
Wer wärst du,
wenn ich dir damals
mein Herz ganz offen geschenkt hätte?
Wärst du noch immer der, der du damals warst?
Hätte es einen Unterschied gemacht?
Oder wärst du trotzdem der, der du heute bist?
Wärst du zu einer anderen Version von dir geworden?

Du hast dich optisch nicht verändert.
Aber den, der du in deinem Inneren bist,
den hätte ich nicht wiedererkannt.
Du bist hart geworden.
Kalt.
Gemein.
Warst du schon immer so?
Habe ich es einfach
durch die Rosarote Brille meiner Verliebtheit überse-
hen?
Oder ist das neu?
Was hat dich so verändert?
Ich wünschte, ich könnte es rückgängig machen.

Wir hatten nie besonders viel miteinander zu tun,
aber ab und an
haben sich unsere Wege eben doch gekreuzt.

Du hast dich nicht für mich eingesetzt –
warum hättest du das auch tun sollen? –,
aber du hast dich auch nie offen gegen mich gewandt,
dich nicht an den Aktionen der anderen beteiligt.
Oder hast du das im Geheimen eben doch getan?
Warst du wirklich schon immer so?
Hast du damals die verletzenden Worte,
warum auch immer,
einfach bloß nicht ausgesprochen?

Es stimmt mich traurig, zu sehen,
was und wer aus dir geworden ist.
Ich weiß, es ist nicht fair dir gegenüber,
aber irgendwie hatte mir das Wissen,
dass du da draußen bist
und dich eben nicht so verhältst
wie die anderen deiner damaligen Clique,
Auftrieb gegeben
und mir Mut gemacht.
Doch dich heute so zu sehen,
ist ernüchternd und tragisch
in mehr als einer Hinsicht.

Für mich warst du all diese Jahre erstarrt in der Zeit.
Eingefroren als der, den ich einmal kannte.
Jetzt muss ich einsehen,
dass der, an den ich mich so gern erinnert habe,

nicht mehr existiert.
Die Version von dir,
an die ich mich gedanklich festgeklammert habe,
ist auf nimmer wiedersehen verschwunden
und wird, soweit ich das beurteilen kann,
wohl auf ewig verschwunden
und verloren bleiben.
Schade, ich werde dein altes Ich wirklich vermissen,
auch wenn er von vornherein immer
eher eine Traumvorstellung war,
denn Realität.
Aber wir alle brauchen etwas zum Träumen,
oder?

Es ist Zeit für mich,
Abschied zu nehmen.
Abschied von der Version von dir,
die nur in meinem Kopf existiert hat.
Und von der Version, die du heute bist,
denn für den ist kein Platz in meinem Leben.
Ich weigere mich, Menschen in mein Umfeld zu lassen,
die mir bloß wehtun.
Und das ist das, was du tust.
Also leb wohl
und danke.
Danke dafür, dass meine Traumversion von dir
mir so oft Gesellschaft geleistet hat.

Kate Voegele – Wish you were (Acoustic)

Soundtrack

Josh Canova – *The Wish*
Simply Three – *Rain*
X Ambassadors – Unsteady
KLAN feat. Mia – *Nie gesagt*
Unions – *Close my eyes*
Joris – *Du und ich*
Paloma Faith – *Warrior*
Lena – *Thank you (acoustic)*
BANNERS – *Someone to you*
Sarah Connor – *Vincent*
Billie Eilish – *When the Party's over*
Alex Condliffe & Lamb Hands – *You*
Beyoncé – *I was here*
Stereophonics – *Daisy Lane*
Wonderwall – *Just more*
Linda Elsener & ELIF – *How to fall in love*
Michael Patrick Kelly – *Forever Young*
Taylor Swift & Gary Lightbody – *The last time*
Demi Lovato – *Skyscraper*
Michael Patrick Kelly – *Blurry Eyes*
Michael Patrick Kelly – *Paragliding*
GAITS – *Other Side*
Sleeping at Last – *Saturn*
Sleeping at Last – *Bad Blood*
SYML – *Where's my love*
Michael Patrick Kelly – *America*
Lewis Capaldi – *Forever*
Metric – *Gold Guns Girls (Acoustic)*
Michael Patrick Kelly – *Thank you*
Sleeping at Last – *All through the Night*
Sunday Girl – *Where is my mind*

Milk & Bone – *Tmrw.*
London Grammar – *Nightcall*
Julien Baker – *Claws in your back*
Harry Styles – *Falling*
Philipp Poisel – *Wie soll ein Mensch das ertragen*
Tom Walker – *Leave a light on*
Lennon & Maisy Stella – *Your best*
The Cranberries – *Zombie*
Lena – *Mama (Sing meinen Song)*
Nelly Furtado – *Try*
Kate Voegele – *Wish you were (Acoustic)*

Eine YouTube-Playlist mit allen Songs findet ihr hier:

DARK ROSE – Gedanken, Gefühle, Gedichte
Andrea Benesch

Taschenbuch: 9783903248649, 360 Seiten, € 16,90
E-Book: 9783903248489, € 6,99
Hardcover: € 19,90 (nur auf www.andrea-benesch.de)

Verlag SchriftStella

Erschienen im Juni 2020

Was machst du, wenn sich die Gedanken in deinem Kopf überschlagen? Wenn sich die Gefühle zu einer gigantischen Welle auftürmen und alle Dämme zu brechen drohen?

Ich schreibe. Zeile um Zeile, Strophe um Strophe, Gedicht um Gedicht banne ich meine Gedanken, meine Gefühle, meine Seele auf Papier. Ich schließe sie ein und verarbeite, was mich sonst zu übermannen versucht.

Ich hoffe, meine Worte berühren dich, begleiten dich und bedeuten dir so viel wie mir.

Dark Rose bin ich und vielleicht auch ein kleines bisschen du?

**TINTENTRÄNEN –
Gefühle auf Papier
Andrea Benesch**

Taschenbuch: 9783903248496,
200 Seiten, € 9,90
E-Book: 9783903248564,
€ 2,99
Hardcover: € 12,90 (nur auf
www.andrea-benesch.de)
Verlag SchriftStella

Erschienen im November 2020

Wie gehst du mit Gefühlen um? Wenn die Emotionen hohe Wellen schlagen und der Schmerz einfach zu groß wird? Ich schreibe. Ich verwandle meine Gefühle in Tintentränen und lasse sie aus mir fließen, bis der Druck nachlässt. Ich schließe meinen Schmerz, meine Trauer, all meine Gefühle in meinen Worten ein und banne sie auf Papier.

Das ist meine Art, mit dem Schmerz umzugehen. Die Worte kommen zu mir, wann immer mir alles zu viel wird. Sie tauchen in meinem Kopf auf und sorgen dafür, dass ich mir alles von der Seele schreiben kann. Sie sind meine Rettungsleine, mein Fels in der Brandung, mein sicherer Hafen.

Vielleicht können sie das auch für dich sein. Fang meine Tintentränen auf, lass sie in dein Herz und ich hoffe, sie können auch dir dabei helfen, so manches zu verstehen und zu verarbeiten. Das wäre mein größter Wunsch.

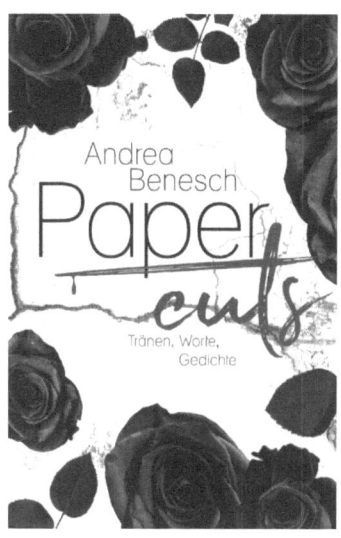

**PAPERCUTS –
Tränen, Worte, Gedichte
Andrea Benesch**

Taschenbuch: 9783753402826, 208 Seiten, € 9,90
E-Book: 9783753466989, € 2,99
Hardcover: € 12,90 (nur auf www.andrea-benesch.de)

Erschienen im Februar 2021

Manche Wunden reichen tief. Sie hinterlassen Narben. Schnitte auf der Seele, wie Papercuts. Sie sind klein, aber sie brennen ganz fürchterlich. Und manchmal bluten sie sogar.

In meinem Fall bluten sie Worte und Tinte.

Tropfen um Tropfen formen sie Buchstaben und Worte, Gedicht um Gedicht. Sie sind ein Teil von mir und wenn du sie liest, werden sie auch ein Teil von dir.

Lass dich mitnehmen auf eine Reise durch meine Seele und vielleicht erkennst du auch ein Stück von dir in meinen Worten.

**SEELENSPLITTER –
Gedanken, Worte,
Gedichte
Andrea Benesch**

Taschenbuch: 9783753496238,
214 Seiten, € 9,90
E-Book: 9783754309636,
€ 2,99
Hardcover: € 12,90 (nur auf
www.andrea-benesch.de)

Erschienen im Mai 2021

Meine Seele ist zersplittert, das ist sie schon lange. Viele scharf-
kantige Splitter und ich mittendrin bei dem Versuch, sie ir-
gendwie zu kleben.

Dieses Buch enthält einige dieser Splitter - vielleicht muss ich
sie alle zwischen Buchdeckel legen, damit sie sich wieder ver-
binden. Was denkst du?

Meine Worte sind der Klebstoff, der sie wieder zusammenfügt.

Traust du dich, die Splitter meiner Seele zu lesen? Sie vielleicht
sogar in dein Herz zu lassen?

BETWEEN DARKNESS AND LIGHT – Gedichte
Andrea Benesch

Taschenbuch: 9783754316719, 204 Seiten, € 9,90
E-Book: 9783754362693, € 2,99
Hardcover: € 13,90 (nur auf www.andrea-benesch.de)

Erschienen im September 2021

Wenn die Dunkelheit ihre Finger nach mir ausstreckt und versucht mich in den Abgrund zu ziehen, kommen jedes Mal die Worte zu mir. Sie reichen mir die Hand und helfen mir, die Dunkelheit in mir zurückzudrängen. Aber sie ist immer da und lauert auf den nächsten schwachen Moment.

Wie gehst du mit negativen Gefühlen um?

Ich verwandle sie in Gedichte. Ich lasse sie zusammen mit der Dunkelheit, die auf meiner Seele liegt und mich zu ersticken droht, aus mir herausfließen. Ich mache aus ihnen Tinte auf Papier, sperre die Gefühle in meine Worte ein.

Bist du bereit, diesen Teil meiner Seele an dich heranzulassen? Bist du willens, meine Worte in dein Herz zu lassen?

DROPS OF HOPE AND FEAR – Gedichte
Andrea Benesch

Taschenbuch: 9783754349144, 208 Seiten, € 9,90
E-Book: 9783755717843, € 2,99
Hardcover: € 13,90 (nur auf www.andrea-benesch.de)

Erschienen im Dezember 2021

Welches Gefühl denkst du lähmt uns mehr: Hoffnung oder Angst? Welches der beiden ist verheerender, gefährlicher für uns?

Ich glaube, sie sind zwei Seiten einer Medaille. Ohne Hoffnung können wir nicht leben, aber durch sie, geben wir der Angst immerzu Nahrung; denn zeig mir einen Menschen, der keine Angst davor hat, die Hoffnung zu verlieren.

Auch mein Leben wird bestimmt von dem Gleichgewicht zwischen Hoffnung und Angst. Es gibt genug Dinge, die mir Hoffnung schenken, aber auch mindestens genauso viele, die mir Angst machen.

Ich schreibe beide aus mir heraus, in der Hoffnung, dass ich sie auf diese Weise loslassen kann, damit die Waage niemals in die falsche Richtung kippt. Ein Leben ohne Hoffnung, ist das überhaupt ein Leben?

Bist du bereit, von meinen Hoffnungen und Ängsten zu lesen? Dich auf sie einzulassen und dich von ihnen berühren zu lassen?

WENN AUS TRÄNEN WORTE UND AUS WORTEN GEDICHTE WERDEN
Andrea Benesch

Taschenbuch: 9783755749271, 218 Seiten, € 11,99
E-Book: 9783756236909, € 2,99
Hardcover: € 15,90 (nur auf www.andrea-benesch.de)

Erschienen im April 2022

Immer wieder erstaunt es mich, wie aus Gedanken, Worte und aus Worten Gedichte werden. Wie ich meinen Schmerz in etwas Schönes verwandeln kann.

Worte können wundervoll sein, sie können heilen und sie haben die Kraft, meine Tränen einzufangen und auf Papier zu bannen, sie festzuhalten, mich von ihnen zu befreien.

Worte auf Papier sind mein Weg, alles zu verarbeiten, mit mir selbst ins Reine zu kommen. Ich sperre meine Dunkelheit in ihnen ein, damit sie nicht mein Leben dominiert.

Traust du dich, dich all dem zu stellen? Meine Worte zu lesen, meinen Schmerz zu teilen und sie zu einem Teil von dir werden zu lassen?

DANK*sagung*

Ich danke dir dafür, dass du mein Buch gelesen und meinen Worten eine Chance gegeben hast. Das bedeutet mir so viel!

Danke an meine lieben Bookstagrammer – meine Blogger und Leser und alle, die über meine Worte gestolpert und sie in ihr Herz gelassen haben. Ich bin Selfpublisherin und davon abhängig, dass mein Buch „gesehen" wird, was ohne euch nicht möglich ist. Ich bin so dankbar für euer Feedback und euer Engagement.

Danke liebe Nina von *NH Buchdesign* für dieses unglaubliche Cover! Ich bin so lange drum herum geschlichen, bis Muse sich schließlich doch durch hartnäckiges Quengeln durchgesetzt hat.

Mein größtes Danke geht aber an Muse. Du bist meine andere Hälfte. Ich weiß, ich schlafe dir zu viel und lasse mich deiner Meinung nach zu oft von meinem Job ablenken, aber trotzdem bist du immer für mich da, wenn mir alles zu viel wird. Also danke dafür, dass du mich jedes Mal wieder aus der Dunkelheit ziehst. Ich hab dich lieb, auch wenn du mich manchmal fast in den Wahnsinn treibst.

ÜBER *die Autorin*

Ich habe Geschichte und Germanistik an der Heinrich-Heine-Universität in Düsseldorf studiert. Anschließend habe ich eine Promotion in Siegen begonnen, diese aber bis auf Weiteres zugunsten meiner Tätigkeit als freie Lektorin aufgegeben. Mehr dazu ist hier zu finden: www.lektorat-federundeselsohr.de

Neben dem Schreiben von Gedichtbänden und meiner Arbeit lese ich leidenschaftlich gerne und rezensiere Bücher auf meinem eigenen Blog *Feder und Eselsohr* (www.federundeselsohr.de). Ihr findet mich als *Dark Rose* in verschiedenen Schreibweisen in so ziemlich jeder Buchcommunity und unter dem Namen meines Blogs in den sozialen Medien:

Instagram (Feder und Eselsohr / Andrea Benesch)
YouTube (Feder und Eselsohr)

Außerdem habe ich eine eigene Autorenseite samt Onlineshop:

www.andrea-benesch.de